Tous ensemble 2

Grammatisches Beiheft

von
Brigitte Schröder
und
Gudrun Tegethoff

Ernst Klett Verlag
Stuttgart Düsseldorf Leipzig

Liebe Schülerin, lieber Schüler,

sicherlich hast du in deinem Französischbuch **Tous ensemble** schon den **Grammatischen Anhang (GA)** entdeckt. Dort wird wie in Band 1 die Grammatik **kurz und übersichtlich** dargestellt.

Dieses **Grammatische Beiheft (GBH)** dient als Ergänzung zu deinem Französischbuch.

Aufbau

Du findest hier **ausführliche Regeln** und zusätzliche Information (z. B. **Lerntipps**) zu den einzelnen grammatischen Erscheinungen. Wenn du Probleme bei den **Hausaufgaben** hast, dich für eine **Klassenarbeit** vorbereitest oder wenn du Lernstoff **selbstständig** oder mit Mitschülern wiederholen möchtest, stellt dieses Heft eine wertvolle Hilfe dar.

Du findest im **Grammatischen Beiheft:**

- ein **Inhaltsverzeichnis** (S. 3): Hier kannst du prüfen, welche grammatischen Schwerpunkte in den Lektionen behandelt werden.
- **Zoom sur la grammaire** (S. 5–11): der wichtigste Grammatikstoff aus **Tous ensemble 1**.
- ein **Stichwortverzeichnis** (S. 64) mit allen (grammatischen) Begriffen.
- eine **Liste aller grammatischen Begriffe** (S. 62), die in **Tous ensemble 1 und 2** verwendet werden; zum besseren Verständnis mit den deutschen Entsprechungen und Beispielen.
- Auf der Seite 59 findest du eine Übersicht über **alle unregelmäßigen Verben und Verben mit Besonderheiten**, die du in **Tous ensemble 1** und **2** kennen gelernt hast.
- Wie in Band 1 findest du auch in diesem Grammatischen Beiheft **Révisions** (Wiederholungen). Nach jeweils 2 Lektionen wird dir eine **Kurzzusammenfassung** der behandelten grammatischen Inhalte gegeben.
- In dem sich anschließenden **Übungsteil On fait des révisions** hast du die Möglichkeit, z. B. vor Klassenarbeiten, selbstständig zu kontrollieren, ob du die Grammatik beherrschst.

Viel Erfolg beim Nachschlagen und Arbeiten mit dem Grammatischen Beiheft.

Erklärung der Symbole:

 Wiederholung: Hier wirst du an bereits bekannten Stoff erinnert.

 Neuer Lernstoff wird anhand von Beispielen und Regeln dargeboten.

 Minette gibt **Lerntipps** und weist auf Besonderheiten und Ausnahmen hin.

Hier wird dir die **deutsche Übersetzung** von **grammatischen Begriffen** gegeben.

 Sprachvergleich: Die französische Sprache wird mit der deutschen und/ oder der englischen Sprache verglichen.

 Mit dem Blitz wirst du auf **besondere Schwierigkeiten** oder **häufige Fehlerquellen** hingewiesen.

INHALTSVERZEICHNIS

* Die Durchnahme dieses Moduls ist im Bundesland Bayern verbindlich.
** Die Durchnahme dieses Moduls ist in den Bundesländern Bayern, Hamburg und Hessen verbindlich.
*** Die Durchnahme dieses Moduls ist in den Bundesländern Hamburg, Hessen und Rheinland-Pfalz verbindlich.
**** Die Durchnahme dieses Moduls ist in den Bundesländern Hessen und Rheinland-Pfalz verbindlich.
***** Die Durchnahme dieses Moduls ist in den Bundesländern Berlin, Brandenburg und Rheinland-Pfalz verbindlich.

Zoom sur la grammaire

Auf dieser Seite findest du einen **Überblick** über alle wichtigen Grammatikthemen, die du in **Tous ensemble 1** kennen gelernt hast.
Die Seiten 6 –11 dienen zum genaueren Nachschlagen.

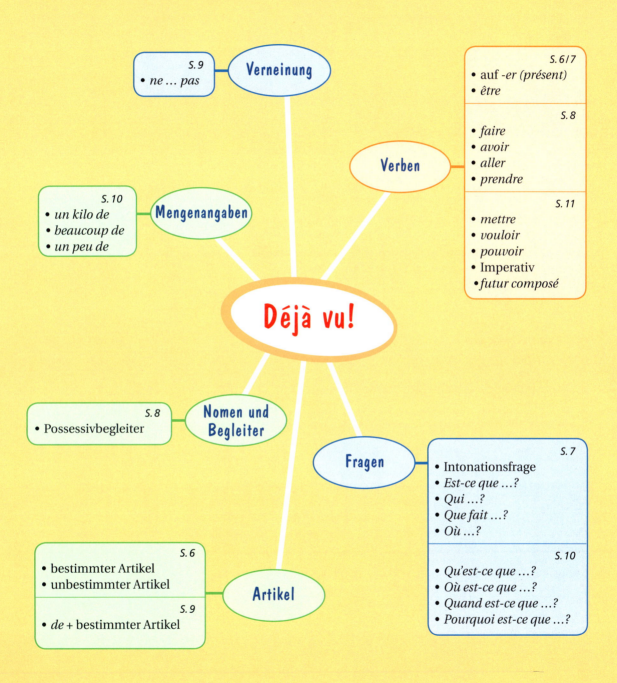

Verneinung
S. 9
• *ne … pas*

Verben
S. 6/7
• auf -*er (présent)*
• *être*

S. 8
• *faire*
• *avoir*
• *aller*
• *prendre*

S. 11
• *mettre*
• *vouloir*
• *pouvoir*
• Imperativ
• *futur composé*

Mengenangaben
S. 10
• *un kilo de*
• *beaucoup de*
• *un peu de*

Déjà vu!

Nomen und Begleiter
S. 8
• Possessivbegleiter

Fragen
S. 7
• Intonationsfrage
• *Est-ce que …?*
• *Qui …?*
• *Que fait …?*
• *Où …?*

S. 10
• *Qu'est-ce que …?*
• *Où est-ce que …?*
• *Quand est-ce que …?*
• *Pourquoi est-ce que …?*

Artikel
S. 6
• bestimmter Artikel
• unbestimmter Artikel

S. 9
• *de* + bestimmter Artikel

Zoom sur la grammaire

- bestimmter Artikel
- unbestimmter Artikel

Artikel

Fragen (1)

- Intonationsfrage
- *Est-ce que …?*
- *Qui …?*
- *Qu'est-ce que …?*
- *Que fait …?*
- *Où …?*

Déjà vu!

- auf -*er* (*présent*)
- *être*

Verben

Artikel

Französische **Nomen** sind entweder **männlich** (maskulin) oder **weiblich** (feminin).
Den Nomen siehst du aber meistens nicht an, ob sie männlich oder weiblich sind.
Lerne sie daher immer mit dem dazugehörigen **Artikel**:

Artikel + Nomen		Artikel + Nomen	
un / **le**	quartier	**une** / **la**	table
ein/der	Stadtteil	ein/der	Tisch

Im Plural gibt es jeweils nur einen Artikel:

Nomen im **Plural** bekommen im Allgemeinen ein -*s*:

les banane**s** / des problème**s**

Das -*s* in *les* und *des* wird nicht gesprochen. Nur wenn ein Nomen mit Vokal oder stummem *h* beginnt, wird es gesprochen:

le**s** **a**gents / le**s** **é**coles / de**s** **a**ffiches / de**s** **h**ôpitaux

Verben

Das Verb **être** ist völlig unregelmäßig. Hier musst du alle Formen lernen:

je	**suis**	**nous**	**sommes**
tu	**es**	**vous**	**êtes**
il / elle / on	**est**	**ils / elles**	**sont**

Zoom sur la grammaire

Fragen (1)

Um eine **Frage** zu formulieren, hast du mehrere Möglichkeiten:

Papa prépare les quiches.
Aussagesatz

- Die **Intonationsfrage**

  Papa prépare les quiches**?** → Oui. / Non
  Intonationsfrage

- Die **Frage** mit *Est-ce que …?*

  Est-ce que papa prépare les quiches? → Oui. / Non.
  Frage mit *est-ce que*

- Die **Frage** mit einem **Fragewort**

Qui …?	**Qui** est-ce?	C'est **Amélie**.
Que …?	**Que fait** Pierre?	**Il installe** l'ordinateur.
Où …?	**Où** est Marine?	Elle est **dans la chambre de Charlotte**.

Verben

Verben auf *-er* haben im Präsens folgende Endungen:

je	cherch**e**	**nous**	cherch**ons**
tu	cherch**es**	**vous**	cherch**ez**
il/elle/on	cherch**e**	**ils/elles**	cherch**ent**

Die Endungen werden an den **Verbstamm** gehängt:

chercher: je **cherch**-e, tu **cherch**-es …

Bei einigen **Verben** auf *-er* gibt es Besonderheiten:

	acheter		**préférer**		**manger**
j'	ach**è**te	je	préf**è**re	je	mange
nous	ach**e**tons	nous	préf**é**rons	nous	mang**e**ons
ils/elles	ach**è**tent	ils/elles	préf**è**rent	ils/elles	mangent

Achte auf die Besonderheiten:

e > è	é > è	ons > eons

Zoom sur la grammaire

Déjà vu!

- Verben
  - faire
  - avoir
  - aller
  - prendre

- Verneinung (1)
  - ne … pas

- Nomen und Begleiter
  - Possessivbegleiter Singular
  - Possessivbegleiter Plural

- Artikel
  - à + bestimmter Artikel
  - de + bestimmter Artikel

Verben

faire	avoir	aller	prendre
je **fais**	j' **ai**	je **vais**	je **prends**
tu **fais**	tu **as**	tu **vas**	tu **prends**
il/elle/on **fait**	il/elle/on **a**	il/elle/on **va**	il/elle/on **prend**
nous **faisons**	nous **avons**	nous **allons**	nous **prenons**
vous **faites**	vous **avez**	vous **allez**	vous **prenez**
ils/elles **font**	ils/elles **ont**	ils/elles **vont**	ils/elles **prennent**

Nomen und Begleiter

	männliche Nomen	weibliche Nomen		Nomen im Plural
		mit Vokal	mit Konsonant	
ein Besitzer	**mon** copain **ton** copain **son** copain	**mon** adresse **ton** adresse **son** adresse	**ma** copine **ta** copine **sa** copine	**mes** copains **tes** adresses **ses** copines
mehrere Besitzer	**notre** copain **votre** adresse **leur** copine			**nos** copains **vos** adresses **leurs** copines

Zoom sur la grammaire

Verneinung (1)

Die Verneinung besteht im Französischen aus den zwei Worten: *ne ... pas*.
Sie umklammern das Verb.

Marine **ne** cherche **pas** une corres en France, elle cherche une corres en Allemagne.

Charlotte **n'**est **pas** dans le salon, elle est dans la cuisine.

Artikel

Die Präposition *à* wird mit den bestimmten Artikeln *le* und *les* zusammengezogen:

à le → **au** collège   à les → **aux** toilettes

Aber die bestimmten Artikel *la* und *l'* bleiben immer erhalten.

à la → **à la** cantine   à l' → **à l'**infirmerie
                                         à l' → **à l'**hôpital

---

Auch die Präposition *de* wird mit den bestimmten Artikeln *le* und *les* zusammengezogen:

de le → **du** Centre Pompidou   de les → **des** places

Die bestimmten Artikel *la* und *l'* bleiben immer erhalten.

de la → **de la** tour Eiffel   de l' → **de l'**ascenseur

Zoom sur la grammaire

Déjà vu!

Mengenangaben
- *un kilo de*
- *beaucoup de*
- *un peu de*

Verben
- *mettre*
- *vouloir*
- *pouvoir*
- Imperativ
- *futur composé*

Fragen (2)
- *Qu'est-ce que …?*
- *Où est-ce que …?*
- *Quand est-ce que …?*
- *Pourquoi est-ce que …?*

Mengenangaben

Nach Wörtern, die eine Mengenangabe ausdrücken, steht immer *de* (vor Vokal: *d'*):
un kilo de pommes / *beaucoup de* sel / *un peu d'*huile

Beachte:
Bei einer **zählbaren Menge** steht das Nomen im Plural: *un kilo de pommes / beaucoup d'oranges*.
Bei einer **nicht zählbaren Menge** steht das Nomen im Singular: *un peu de sel / beaucoup de sel /*
un peu de poivre.

Fragen (2)

So kannst du Fragen formulieren: **Fragewort +** *est-ce que* **+ Subjekt + Verb**

Que …?	**Qu'est-ce que** tu achètes?	J'achète **des fruits**.
Où …?	**Où est-ce que** tu vas?	Je vais **au club de roller**.
Quand …?	**Quand est-ce que** tu as rendez-vous?	J'ai rendez-vous **à huit heures**.
Pourquoi …?	**Pourquoi est-ce que** tu apportes tes CD?	Je les apporte **parce qu'**il y a une soirée karaoké.

Zoom sur la grammaire

Verben

Die Verben *mettre*, *vouloir* und *pouvoir* sind unregelmäßig. Hier musst du alle Formen lernen:

	mettre		vouloir		pouvoir
je	**mets**	je	**veux**	je	**peux**
tu	**mets**	tu	**veux**	tu	**peux**
il / elle / on	**met**	il / elle / on	**veut**	il / elle / on	**peut**
nous	**mettons**	nous	**voulons**	nous	**pouvons**
vous	**mettez**	vous	**voulez**	vous	**pouvez**
ils / elles	**mettent**	ils / elles	**veulent**	ils / elles	**peuvent**

Auf die Verben *vouloir* und *pouvoir* folgt oft ein **Infinitiv**.

Je ne **veux** pas **apprendre** mes leçons.
Tu **peux** **jouer** plus tard.

> **vouloir**
> **pouvoir** + **Infinitiv**

> **(ne)+Verb +(pas)+Infinitiv**

Verben

Im Französischen gibt es drei **Imperativformen**:

j' entr**e** → Entr**e**, Amélie**.**
nous entr**ons** → Entr**ons.**
vous entr**ez** → Entr**ez.**

Im Französischen steht nach dem Imperativ meistens ein Punkt.

Verben

Für Handlungen, die in der Zukunft liegen, kannst du das *futur composé* benutzen.
Es wird aus einer Form von *aller* und dem **Infinitiv** des Verbs gebildet.

aller + Infinitiv

	je	**vais**	dans**er**	
	tu	**vas**	dans**er**	
Demain,	il / elle / on	**va**	dans**er**	à la fête.
	nous	**allons**	dans**er**	
	vous	**allez**	dans**er**	
	ils / elles	**vont**	dans**er**	

> **aller + Infinitiv**

Bei der **Verneinung des *futur composé*** umschließt *ne ... pas* das Verb *aller*.

On va inviter les profs? – Non, on **ne va pas** inviter les profs.

LEÇON 1

G1 *Je fais du sport. – faire + du / de la / de l'*

W Aus Band 1 von **Tous ensemble** (G 27) weißt du bereits,
dass die Präposition *de* mit dem bestimmten Artikel *le* zu *du* verschmilzt.

Neu! Wenn über Sportarten gesprochen wird, spielt diese Verschmelzung auch eine Rolle.

On fait …

J'aime faire …

Roller
VTT
PING-PONG
FOOT
NATATION
DANSE

Je préfère faire …

J'aime **le** roller,
    le VTT,
    le ping-pong et
    le foot.

Alors ,on **fait** **du** roller,
    du VTT,
    du ping-pong et
    du foot.

J'adore **l'**athlétisme.
Je préfère **la** danse et
    la voile.
J'aime **la** natation.

J'aime **faire** **de l'** athlétisme.
Je préfère **faire** **de la** danse et
    de la voile.
On peut **faire** **de la** natation.

- Wenn ausgedrückt werden soll, dass man eine bestimmte **Sportart** betreibt, kann die Wendung *faire de …* benutzt werden.
- Bei *faire de + le* verschmelzen die Präposition *de* und der bestimmte Artikel *le* zu *du* (*le roller – faire **du** roller*).
- Bei *faire de + l'* und *faire de + la* ändert sich nichts (*l'athlétisme – faire **de l'**athlétisme / la rando – faire **de la** rando*).

Dasselbe gilt auch für die
folgenden Wendungen:

J'adore **faire du shopping**.

Moi, je préfère
faire de la musique.

G2 *je veux, je peux* – Die Verben *vouloir* und *pouvoir*

*Les verbes **vouloir** et **pouvoir***

W Die beiden unregelmäßigen Verben *vouloir* und *pouvoir* kennst du bereits aus Band 1
von **Tous ensemble** (G 38). Hier kannst du alle Formen wiederholen.

	vouloir	[vulwar] wollen		**pouvoir**	[puvwar] können
je	**veux**	[vø]	je	**peux**	[pø]
tu	**veux**		tu	**peux**	
il / elle / on	**veut**		il / elle / on	**peut**	
nous	**voulons**	[vulõ]	nous	**pouvons**	[puvõ]
vous	**voulez**	[vule]	vous	**pouvez**	[puve]
ils / elles	**veulent**	[vœl]	ils / elles	**peuvent**	[pœv]

L Auf *vouloir* und *pouvoir* kann
ein Infinitiv folgen.

> Das kennst du schon aus Band 1
> von den Verben *aimer* und *préférer.*

Tu	**aimes**	**faire**	du roller?
Non, je	**préfère**	**faire**	du ping-pong.

| Tu | **veux** | **faire** | du canoë? | – Non, je n'ai pas envie. |
| Vous | **ne pouvez pas** | **faire** | du VTT aujourd'hui. | – C'est dommage. |

↓ ↓
vouloir + Infinitiv
pouvoir + Infinitiv

> Tu **veux faire** du VTT?

> Mais regarde,
> on **ne peut pas faire**
> du VTT, aujourd'hui.

Le lundi vous pouvez faire
DU ROLLER
~~DU VTT~~
DU PINGPONG
DU FOOT
DE LA DANSE

1

G3 **Tu me comprends? – Die Objektpronomen *me, te, nous, vous***

*Les pronoms objets **me, te, nous, vous***

In diesem Kapitel lernst du die **Objektpronomen** der **1. und 2. Person Singular** und **Plural** kennen.

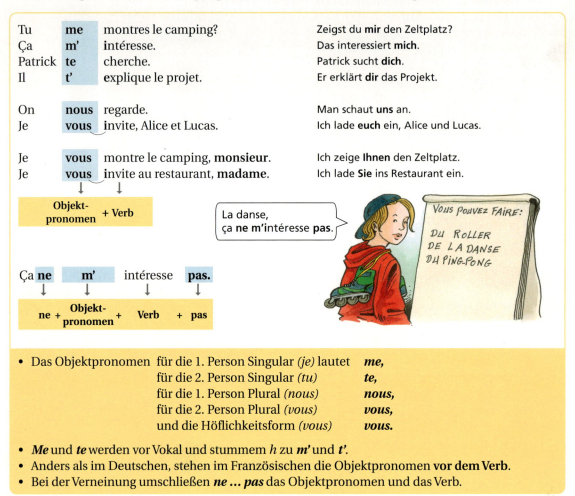

Tu	**me**	montres le camping?	Zeigst du **mir** den Zeltplatz?
Ça	**m'**	intéresse.	Das interessiert **mich**.
Patrick	**te**	cherche.	Patrick sucht **dich**.
Il	**t'**	explique le projet.	Er erklärt **dir** das Projekt.
On	**nous**	regarde.	Man schaut **uns** an.
Je	**vous**	invite, Alice et Lucas.	Ich lade **euch** ein, Alice und Lucas.
Je	**vous**	montre le camping, **monsieur**.	Ich zeige **Ihnen** den Zeltplatz.
Je	**vous**	invite au restaurant, **madame**.	Ich lade **Sie** ins Restaurant ein.

Objekt-pronomen + Verb

La danse, ça **ne** m'intéresse **pas**.

VOUS POUVEZ FAIRE:
DU ROLLER
DE LA DANSE
DU PING-PONG

Ça **ne** **m'** intéresse **pas.**

ne + Objekt-pronomen + Verb + pas

- Das Objektpronomen für die 1. Person Singular *(je)* lautet ***me,***
  für die 2. Person Singular *(tu)* ***te,***
  für die 1. Person Plural *(nous)* ***nous,***
  für die 2. Person Plural *(vous)* ***vous,***
  und die Höflichkeitsform *(vous)* ***vous.***

- ***Me*** und ***te*** werden vor Vokal und stummem *h* zu ***m'*** und ***t'***.
- Anders als im Deutschen, stehen im Französischen die Objektpronomen **vor dem Verb**.
- Bei der Verneinung umschließen ***ne ... pas*** das Objektpronomen und das Verb.

L Beachte die verschiedenen Bedeutungen:

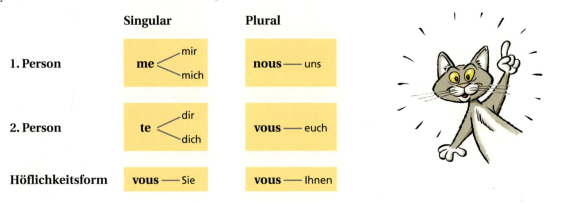

	Singular	Plural
1. Person	**me** ⟨ mir / mich	**nous** — uns
2. Person	**te** ⟨ dir / dich	**vous** — euch
Höflichkeitsform	**vous** — Sie	**vous** — Ihnen

LEÇON 2

A G4 *Hier, on a volé …* – Das *passé composé* mit *avoir*

*Le passé composé avec **avoir***

W   Bisher kennst du zwei Zeitformen: das *présent* (Gegenwart) und das *futur composé* (zusammengesetzte Zukunft).

le présent: je   mange
le futur composé: je vais manger

 Mit dem *passé composé* (zusammengesetzte Vergangenheit) kannst du **Handlungen** ausdrücken, die in der **Vergangenheit** stattgefunden haben.

Die meisten französischen Verben bilden das *passé composé* mit **avoir** :

1. Die regelmäßigen Verben auf *-er*

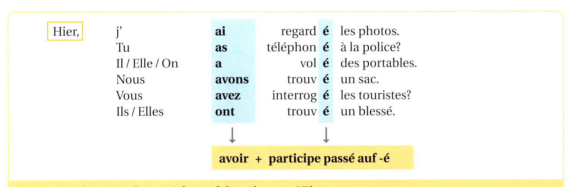

Hier,	j'	**ai**	regard **é**	les photos.
	Tu	**as**	téléphon **é**	à la police?
	Il / Elle / On	**a**	vol **é**	des portables.
	Nous	**avons**	trouv **é**	un sac.
	Vous	**avez**	interrog **é**	les touristes?
	Ils / Elles	**ont**	trouv **é**	un blessé.

avoir + participe passé auf -é

- Das *passé composé* setzt sich aus folgenden zwei Elementen zusammen:

avoir + participe passé

Hilfsverb im Präsens   **Partizip Perfekt** des Verbs

- Die **Verben auf *-er*** bilden das *participe passé (p. p.)* **auf *-é***, gesprochen [e]:

Infinitiv: mang **er** ⟶ *participe passé:* mang **é**

L   Bei den Verben auf *-er* gibt es in der **Aussprache** keinen Unterschied zwischen *participe passé* und **Infinitiv**:

> Ob *participe passé* **mangé** oder Infinitiv **manger**, du hörst immer nur [e].

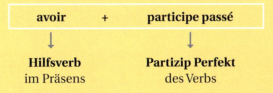

J'ai   mang**é** [e] un sandwich.   ⟶   participe passé: mang**é** [e]

Je vais mang**er** [e] un sandwich. ⟶   Infinitiv: mang**er** [e]

2. Unregelmäßige Verben

Hier,	j'	**ai**	**mis**	mon portefeuille dans mon sac,
	j'	**ai**	**pris**	mon sac,
et	j'	**ai**	**fait**	les courses,
mais	j'	**ai**	**eu**	un problème …

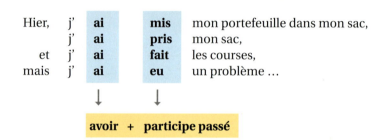

avoir + participe passé

- Die **unregelmäßigen Verben** *prendre, mettre, faire* und *avoir* haben ein unregelmäßiges *participe passé*:

Infinitiv		*passé composé*		
prendre	→	j'	ai	**pris**
mettre	→	il	a	**mis**
faire	→	nous	avons	**fait**
avoir	→	ils	ont	**eu**

Diese Formen musst du dir besonders einprägen.

F/D 1. Im Deutschen entsprechen dem *passé composé* **zwei** Vergangenheitsformen:

– in der Schriftsprache das Präteritum: **Ich aß.**
– in der Umgangssprache das Perfekt: **Ich habe gegessen.** } **J'ai mangé.**

2. Beachte die unterschiedliche Satzstellung:

– J'**ai fait** les courses.
– Ich **habe** die Einkäufe **gemacht**.

Partizip Perfekt = Mittelwort des Perfekts

B G5 *Marc est arrivé.* – Das *passé composé* mit *être*

*Le passé composé avec **être***

Bei einigen Verben wird das *passé composé* nicht mit dem Hilfsverb *avoir*, sondern mit dem Hilfsverb *être* gebildet.

Farid raconte:

Hier,	je	**suis**	all **é**	dans les rochers.
	Je	**suis**	mont **é**	et
	je	**suis**	rest **é**	là, 10 minutes.
Mon	sac	**est**	tomb **é**	dans les rochers. Et mon copain
	Marc	**est**	arriv **é**	pour chercher mon sac.
	Il	**est**	rentr **é**	très mouillé!

        ↓   ↓

être + participe passé

        ↓   ↓

Hilfsverb   **Partizip Perfekt**
im Präsens   des Verbs

- Verben, die etwas über die Richtung einer Bewegung oder des Verweilens aussagen, bilden das *passé composé* mit dem Hilfsverb *être*.

- Zu diesen Verben gehören beispielsweise:
  aller, arriver, entrer, monter, rentrer, rester, tomber
  Man nennt sie auch Verben der **Bewegungsrichtung**.

G6 *il est allé, elle est allée* – Die Veränderlichkeit des *participe passé* beim *passé composé* mit *être*

*L'accord du participe passé avec **être***

W In G 5 hast du das ***passé composé*** mit *être* bei **männlichen** Personen und Gegenständen kennen gelernt.

Neu! Bei **weiblichen** Personen und Gegenständen und im **Plural** gibt es einige Besonderheiten:

> **Je suis allé** à Saint-Malo avec ma famille.

> **Je suis allée** à Paris avec ma copine.

Singular

\-

\- **e**

> **Nous sommes restés** 10 jours au bord de la mer.

> **Nous sommes restées** 7 jours à Paris. Lundi, **on est allées** à la tour Eiffel.

Plural

\- **s**

\- **es**

- Wenn sich das ***participe passé***, das mit ***être*** gebildet wird, nur auf **eine männliche** Person beziehungsweise **einen männlichen** Gegenstand bezieht, so bleibt es **unverändert**.

- In allen anderen Fällen ist das *participe passé* **veränderlich: es wird an das Subjekt angeglichen**, d. h., es richtet sich in Geschlecht und Zahl nach dem Subjekt:

eine männliche Person / **ein männlicher** Gegenstand	⟶	\-
eine weibliche Person / **ein weiblicher** Gegenstand	⟶	**- e**
mehrere männliche Personen / Gegenstände	⟶	**- s**
mehrere weibliche Personen / Gegenstände	⟶	**- es**

L Bezieht sich das *participe passé* auf **männliche und weibliche** Personen bzw. Gegenstände, so wird beim ***participe passé*** **die männliche Form im Plural** benutzt:

> Im **Plural** musst du auf die Zusammensetzung der Gruppe achten.

Anne, sa copine Claire et Frédéric sont allé**s** au bord de la mer.

C G7 *On n'a pas discuté.* – Die Verneinung des *passé composé*

La négation du passé composé

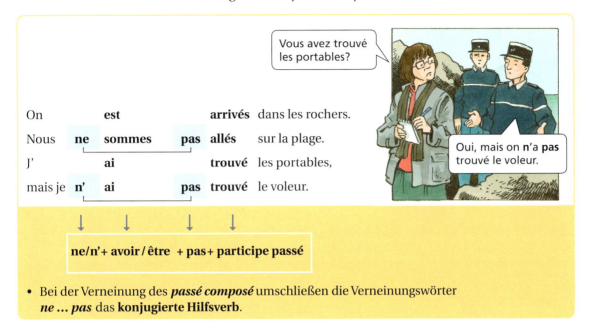

On		**est**		**arrivés**	dans les rochers.
Nous	**ne** **sommes**		**pas**	**allés**	sur la plage.
J'		**ai**		**trouvé**	les portables,
mais je	**n'**	**ai**	**pas**	**trouvé**	le voleur.

↓ ↓ ↓ ↓

ne/n'+ avoir / être + pas+ participe passé

- Bei der Verneinung des *passé composé* umschließen die Verneinungswörter *ne … pas* das **konjugierte Hilfsverb**.

G8 *ne … rien/ne … pas encore* – Die Verneinung (II)

La négation

 Die Verneinung mit *ne … pas* kennst du bereits:

Elle **n'** a **pas** trouvé le voleur.

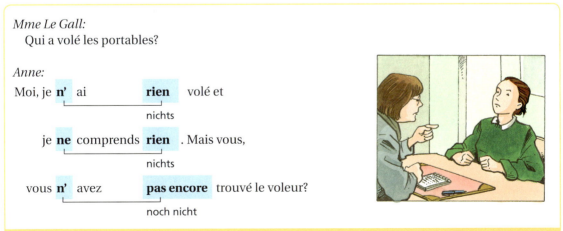

Mme Le Gall:
  Qui a volé les portables?

Anne:
  Moi, je **n'** ai **rien** volé et
                    nichts

  je **ne** comprends **rien** . Mais vous,
                    nichts

  vous **n'** avez **pas encore** trouvé le voleur?
                    noch nicht

- Die Verneinung mit *ne … rien* und *ne … pas encore* wird genauso gebildet wie mit *ne … pas*: Die Verneinungswörter umschließen das konjugierte Verb bzw. das Hilfsverb.

- Vor Vokal oder stummem *h* wird *ne* zu *n'* verkürzt.

• *faire du …/ de la …/ de l'…*
• *vouloir*
• *pouvoir*

Verben

Déjà vu!

passé composé
• mit *avoir*
• mit *être*

• Objektpronomen: *me, te, nous, vous*

Pronomen

Verneinung (2)
• *ne … rien*
• *ne … pas encore*

Verben

faire du … / de la … / de l'…   G 1

– Est ce que vous **faites de l'athlétisme** ce week-end?
– Non. Samedi, nous **faisons du** shopping. Et dimanche, **on va faire de la** musique.

Verben

	vouloir		**pouvoir**
je	**veux**	je	**peux**
tu	**veux**	tu	**peux**
il / elle / on	**veut**	il / elle / on	**peut**
nous	voul**ons**	nous	pouv**ons**
vous	voul**ez**	vous	pouv**ez**
ils / elles	**veulent**	ils / elles	**peuvent**

G 2

Auf die Verben *vouloir* und *pouvoir* kann ein **Infinitiv** folgen:

Tu   **veux**   **faire** les courses maintenant? $\left.\begin{array}{l}\textbf{vouloir}\\\textbf{pouvoir}\end{array}\right\}$ **+ Infinitiv**
Tu ne   **peux**   pas   **rester** encore 5 minutes?

(ne) + Verb + (pas) + Infinitiv

Objekt-pronomen

Objektpronomen: *me / te / nous / vous*   G 3
Die **Objektpronomen** für die 1. und 2. Person Singular und Plural heißen:

| **me** | Tu | **me** | téléphones ce soir, Marine? |
| **te** | Oui, je | **te** | téléphone à 7 heures, d'accord? |

| **nous** | Marine, tu | **nous** | fais un dessert pour la fête? |
| **vous** | Oui, je | **vous** | fais une salade de fruits, si vous voulez. |

Me, te, nous, vous stehen **vor dem Verb**.

le passé composé

G 4, 5, 6

Das **passé composé** ist eine Zeit der Vergangenheit, die sich aus folgenden zwei Elementen zusammensetzt:

avoir / être	+	participe passé

1. Passé composé mit avoir

Die meisten französischen Verben bilden das **passé composé** mit **avoir**.

Die Verben auf **-er** bilden das **participe passé** auf **-é**.

mang **er**	→	j'	**ai**	mang **é**
cherch**er**	→	tu	**as**	cherch**é**
regard **er**	→	il	**a**	regard **é**
trouv **er**	→	elle	**a**	trouv **é**

Unregelmäßige Verben haben auch ein unregelmäßiges **participe passé**:

avoir	→	nous	**avons**	**eu**
prendre	→	vous	**avez**	**pris**
mettre	→	ils	**ont**	**mis**
faire	→	elles	**ont**	**fait**

2. Passé composé mit être

Einige Verben bilden das **passé composé** mit **être**. Diese Verben drücken eine **Bewegungsrichtung** aus. Das **participe passé** mit **être** ist **veränderlich** und muss an das **Subjekt** angeglichen werden: Ist das Subjekt **Femininum**, wird an das **participe passé** **-e** angehängt, steht das Subjekt im **Maskulinum Plural**, wird **-s** angehängt, steht das Subjekt im **Femininum Plural**, wird **-es** angehängt.

Maskulinum			
je	**suis**	allé	
tu	**es**	monté	
il	**est**	tombé	
on	**est**	resté	**s**
nous	**sommes**	rentré	**s**
vous	**êtes**	allé	**s**
ils	**sont**	arrivé	**s**

Femininum			
je	**suis**	allé	**e**
tu	**es**	monté	**e**
elle	**est**	tombé	**e**
on	**est**	resté	**es**
nous	**sommes**	rentré	**es**
vous	**êtes**	allé	**es**
elles	**sont**	arrivé	**es**

Achtung: **Frédéric** et **Anne** sont arrivé**s**. (= **Ils** sont arrivé**s**.)

On est allé**s** à la plage. (**on** = Marine et Frédéric / Alex et Frédéric)
On est allé**es** à Saint-Malo. (**on** = Marine et Marie)

3. Verneinung des passé composé

G 7

Bei der **Verneinung** umschließen die Verneinungswörter das konjugierte Hilfsverb:

– Maman, tu **n'** as **pas** trouvé le voleur?

– Non, je **ne** suis **pas** allée dans les rochers à Saint-Malo.

Verneinung (2)

G 8

Außer **ne ... pas** gibt es im Französischen weitere Verneinungswörter: z. B. **ne ... rien** und **ne ... pas encore**. Die Verneinungswörter umschließen das konjugierte Verb.

Mme Le Gall **ne** fait **rien** aujourd'hui: C'est dimanche.

Elle **n'** a **pas encore** commencé l'enquête.

On fait des révisions.

Mit den folgenden Aufgaben kannst du kontrollieren, ob du die Grammatik aus den Lektionen 1 bis 2 beherrschst. Schreibe die Lösungen in dein Heft! (Die Lösungen findest du auf S. 65).

Verben

A *Complète avec **vouloir** ou **pouvoir**.*　　　　　　　　　　　　　　　*G 2*

1. *Charlotte:*	Qu'est-ce que vous **?** faire samedi?	vouloir
	On **?** faire du roller, non?	pouvoir
2. *Alice:*	D'accord. Si tu **?** , rendez-vous à 2 heures au parc.	vouloir
3. *Manon:*	Oh, moi, je ne **?** pas. Frédéric et moi, nous **?** acheter un cadeau pour l'anniversaire d'Eric.	pouvoir/vouloir
4. *Frédéric:*	Ah, non, moi je **?** faire du roller. On **?** acheter le cadeau plus tard.	vouloir/pouvoir
5. *Charlotte:*	Et après le roller, nous **?** manger une pizza.	pouvoir

Objekt-pronomen

B *Complète avec **me, te, nous, vous**.*　　　　　　　　　　　　　*G 3*

1. *Sophie et Céline:*	Denis, tu **?** invites à ta fête?
2. *Denis:*	O.K., je **?** invite. Rendez-vous samedi à 7 heures.
3. *Sophie:*	Super! Moi, je **?** apporte une pizza.
4. *Céline:*	Et moi, est-ce que je peux **?** faire une quiche?
5. *Denis:*	Oh, merci. Et Rémi et Patrick **?** font aussi un dessert. Ça va être super.

Verneinung

C *Fais la négation avec **ne ... rien, ne ... pas encore** au passé composé.*　　　*G 8*

1. Tu as déjà mangé à l'école? – Non, je **?** mangé. 2. Qu'est-ce que tu as fait après l'école? – Je **?** fait. 3. Est-ce que tu as déjà fait tes devoirs? – Non, je **?** fait mes devoirs.

passé composé

D *Lis le texte suivant.*　　　　　　　　　　　　　　　　　　*G 4, 5, 6*

J'arrive à l'école à huit heures. J'entre dans la salle de classe. Puis, je mets mon livre de français sur la table et je regarde le texte page 38. J'apprends la grammaire, et à cinq heures, je rentre à la maison. Je fais mes devoirs et je téléphone à mon copain.

*Mets le texte au **passé composé**. (Attention aux déterminants possessifs mes, mon ...)*

a) **Alex: Je suis arrivé ...** 　　　　　　　(= 1ere personne du singulier)
b) **Julie** est arriv**ée** ... **Elle** ... 　　　　(= 3e personne du singulier)
c) **Alex et Julie: Nous** sommes arriv**és** ...　(= 1ere personne du pluriel)

LEÇON 3

A G9 *un pull gris, une jupe grise* – Das Adjektiv (I)

L'adjectif

Mit dem **Adjektiv** kannst du Eigenschaften von Personen oder Gegenständen beschreiben.
Am Beispiel der **Farbadjektive** wird dir in diesem Kapitel erklärt, worauf du beim Gebrauch der
Adjektive achten musst.

1. Singular

le			la		
un pantalon **vert**	[vɛr]		une jupe	**vert e**	[vɛrt]
un pull	**gris**	[gri]	une minijupe	**gris e**	[griz]
un jean	**bleu**	[blø]	une chaussure	**bleu e**	[blø]
un portable	**noir**	[nwar]	une bouteille	**noir e**	[nwar]
un anorak	**rouge**	[ruʒ]	une casquette	**rouge**	[ruʒ]
un sac	**jaune**	[ʒon]	une affiche	**jaune**	[ʒon]
un T-shirt	**blanc**	[blɑ̃]	une chaussette	**blan che**	[blɑ̃ʃ]

- Alle Adjektive, also auch die Farbadjektive, **richten sich nach dem Geschlecht** (*le* oder *la*) des **Nomens**, auf das sie sich beziehen *(un pull vert / une jupe verte)*.

- Bei einigen Adjektiven ist der **Unterschied** zwischen der femininen und maskulinen Form **hörbar** *(vert – verte* [vɛr/vɛrt]). Wenn es keinen Endkonsonanten gibt, werden maskuline und feminine Formen gleich ausgesprochen *(bleu – bleue* [blø/blø]).

- Die Adjektive auf **-e** haben nur eine Form: *un pull rouge / une jupe rouge.*

- Das Adjektiv *blanc* hat im Femininum eine Sonderform: *blanche.*

- Im Gegensatz zum Deutschen **stehen** die **Farbadjektive** im Französischen **nach dem Nomen**:   un anorak **bleu**

   ein **blauer** Anorak

- Alle Adjektive beziehen sich auf ein Nomen.

2. Plural

les				les			
Regarde …				Regarde …			
les pantalons	**vert** s	[vɛʀ]		les jupes	**vert** es	[vɛʀt]	
les pulls	**gris**	[gʀi]		les minijupes	**gris** es	[gʀiz]	
les jeans	**bleu** s	[blø]		les chaussures	**bleu** es	[blø]	
les portables	**noir** s	[nwaʀ]		les bouteilles	**noir** es	[nwaʀ]	
les anoraks	**rouge** s	[ʀuʒ]		les casquettes	**rouge** s	[ʀuʒ]	
les sacs	**jaune** s	[ʒon]		les affiches	**jaune** s	[ʒon]	
les T-shirts	**blanc** s	[blã]		les chaussettes	**blan** ches	[blãʃ]	

- Auch im **Plural** richtet sich das (Farb-)Adjektiv nach dem Nomen, auf das es sich bezieht (z. B. *les jupes vertes*).
- (Farb-)Adjektive, die bereits im Maskulinum Singular auf *-s* enden, erhalten im Maskulinum Plural kein Mehrzahl-*s* (z. B. *gris*).

ℓ **Lerne** die Adjektive am besten immer **paarweise**:

ver**t**   ver**te**

gri**s**   gri**se**

blanc   blan**che**

ℓ

Regarde les deux chats noirs.

Das Adjektiv = das Eigenschaftswort

Denkt daran: Das **Plural-s** muss immer sein, doch es auszusprechen, das lasst sein.

G10 *Les prix sont intéressants.* – Das Adjektiv (II) *être* + Adjektiv

*L'adjectif – **être** + adjectif*

Charlotte:

– Comment tu trouves
le jean **vert**,
les minijupes **bleu es** ?

Marine:

– Le jean **est** **cher**, ... ist teuer
les minijupes **sont** **moch es**. ... sind hässlich.

– Regarde ici,
les chaussures **sont** **génial es**, ... sind genial.
les prix **sont** **fantastique s**. ... sind fantastisch.

Nomen + Adjektiv

Nomen + être + Adjektiv

- Wie im Deutschen kann das Adjektiv auch durch das Verb *être* mit dem Nomen verbunden sein: *Le jean est **vert**.* – Die Jeans ist **grün**.

F/D

- Aber anders als im Deutschen **richtet sich das Adjektiv** im Französischen in Geschlecht und Zahl auch in diesem Fall **nach dem Nomen**, auf das es sich bezieht:
*Les minijupes sont **vertes**.* – Die Miniröcke sind **grün**.

3A

G11 *je vois, tu vois …* – Das Verb *voir*

*Le verbe **voir***

Voir ist ein weiteres unregelmäßiges Verb.

voir		[vwaʀ] sehen		

je	vo**is**	⎫		
tu	vo**is**	⎬ [vwa]		
il / elle / on	vo**it**	⎭		
nous	vo**yons**	[vwajõ]		
vous	vo**yez**	[vwaje]		
ils/elles	vo**ient**	[vwa]		

Imperativ:
Vo**is**.
Vo**yons**.
Vo**yez**.

passé composé:
j'**ai vu**

Tu **as vu** le pull?

Kevin **regarde** les chaussures rouges.

Il **voit** Lucas avec les mêmes chaussures.

- ***regarder*** = bewusst (hin)sehen, sich etwas ansehen, betrachten

- ***voir*** = sehen, erblicken

B G12 *ce garçon, cette fille* – Die Demonstrativbegleiter *ce, cet, cette, ces*

Les déterminants démonstratifs ce, cet, cette, ces

W In **Tous ensemble 1** hast du die Possessivbegleiter **mon, ma, mes, ton, ta, tes** etc. kennen gelernt: *c'est **mon** copain, c'est **ma** copine.*

Neu! Nun lernst du weitere Begleiter der Nomen kennen: die **Demonstrativbegleiter**. Mit ihnen kannst du auf Personen oder Gegenstände hinweisen: **dieser** *Pullover,* **diese** *Farbe,* **dieses** *Kleid.*
Ebenso wie die Possessivbegleiter richten sich auch die Demonstrativbegleiter in Geschlecht und Zahl nach dem Nomen, auf das sie sich beziehen.

	Regarde …			J'aime …	
le / l'	**ce** garçon [səgarsõ]	**cet** _anorak [sɛtanɔrak]	**la / l'**	**cette** fille [sɛtfij]	**cette** idée [sɛtide]
les	**ces** garçons [segarsõ]	**ces** _anoraks [sezanɔrak]	**les**	**ces** filles [sefij]	**ces** ʹidées [sezide]

Singular
- *ce* steht vor einem **maskulinen** Nomen, das mit einem **Konsonanten** beginnt.
- *cet* steht vor einem **maskulinen** Nomen, das mit einem **Vokal** oder stummem *h* beginnt.
- *cette* steht vor einem **femininen** Nomen.

Plural
- *ces* steht vor maskulinen und femininen Nomen im **Plural**.

Achte beim Schreiben auf folgenden Unterschied:

Elles sont géniales, **ces** [se] chaussures. (… diese Schuhe)

Elles sont moches, **ses** [se] chaussures. (… seine/ihre Schuhe)

Beachte:
Nicht immer wird *ce* mit *dieser, diese, dieses* übersetzt.

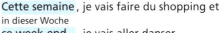 **Cette semaine**, je vais faire du shopping et in dieser Woche **ce week-end**, je vais aller danser. an diesem Wochenende

ce matin heute Morgen   **cet après-midi** heute Nachmittag   **ce soir** heute Abend

Demonstrativbegleiter = hinweisendes Fürwort

G13 *un petit sac à dos, une grande glace* – Die Adjektive *petit* und *grand*

*Les adjectifs **petit** et **grand***

W In G 9 und 10 hast du Adjektive kennen gelernt, die **nach** dem **Nomen** stehen.

Neu! Nun lernst du die Adjektive *petit* und *grand* kennen, die **vor** dem **Nomen** stehen.

Dans la chambre de Charlotte, il y a …

un	**petit**	sac à dos,	une	**grande**	glace,
un	**grand**	verre,	une	**petite**	table,
des	**petits**	livres,	des	**petites**	bouteilles,
et des	**grands**	livres.	et des	**grandes**	bouteilles.

- Wie alle Adjektive passen sich auch *petit* und *grand* in **Geschlecht** und **Zahl** dem Nomen an.
- *Petit* und *grand* sind Adjektive, die **vor** dem **Nomen** stehen.

G14 *c'est beau, c'est nouveau* – Die Adjektive *beau* und *nouveau*

*Les adjectifs **beau** et **nouveau***

W In G 13 hast du Adjektive kennen gelernt, die **vor** dem **Nomen** stehen.

Neu! Nun lernst du zwei Adjektive kennen, die im Singular und Plural besondere Formen haben: **beau** und **nouveau**. Auch diese beiden Adjektive stehen vor dem Nomen.

1. Singular

beau	un **beau** camping	une **belle** maison
	un **bel** **a**ppartement	une **belle** église
nouveau	un **nouveau** pull	une **nouvelle** robe
	un **nouvel** **h**ôtel	une **nouvelle** adresse

Die Adjektive *beau* und *nouveau* haben im Singular drei Formen:
- **zwei maskuline** Formen: *beau / nouveau* vor **Konsonanten**
                           bel / nouvel vor **Vokal** oder **stummem *h***
- und **eine feminine** Form: *belle* und *nouvelle*.

2. Plural

beau	des **beau x** campings	des **belle s** maison**s**
	des **beau x** _appartements	des **belle s** _église**s**
nouveau	des **nouveau x** pull**s**	des **nouvelle s** chaussure**s**
	des **nouveau x** _hôtel**s**	des **nouvelle s** _adresse**s**

- Im Plural gibt es zwei Formen.
  Eine maskuline und **eine feminine** Form: *beaux / nouveaux* und *belles / nouvelles*.

- Das *-x* der maskulinen Form und das *-s* der femininen Form werden vor Vokal und stummem *h* gebunden.

G15 *Le petit sac a une couleur géniale . –* Die Stellung des Adjektivs

La place de l'adjectif

F/D Im Gegensatz zum Deutschen gibt es im Französischen sowohl Adjektive, die **nach** dem **Nomen** stehen, als auch Adjektive, die **vor** dem **Nomen** stehen.

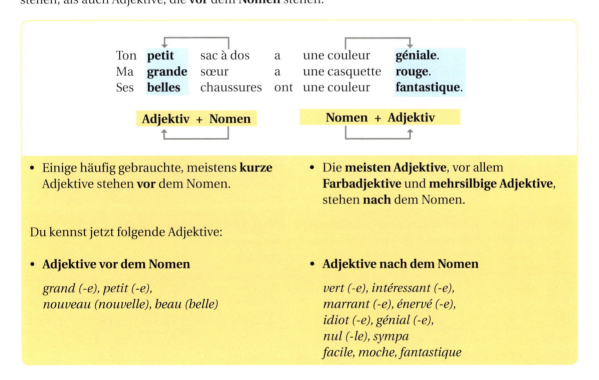

Ton	**petit**	sac à dos	a	une couleur	**géniale.**
Ma	**grande**	sœur	a	une casquette	**rouge.**
Ses	**belles**	chaussures	ont	une couleur	**fantastique.**

Adjektiv + Nomen   **Nomen + Adjektiv**

- Einige häufig gebrauchte, meistens **kurze** Adjektive stehen **vor** dem Nomen.

- Die **meisten Adjektive**, vor allem **Farbadjektive** und **mehrsilbige Adjektive**, stehen **nach** dem Nomen.

Du kennst jetzt folgende Adjektive:

- **Adjektive vor dem Nomen**

  grand (-e), petit (-e),
  nouveau (nouvelle), beau (belle)

- **Adjektive nach dem Nomen**

  vert (-e), intéressant (-e),
  marrant (-e), énervé (-e),
  idiot (-e), génial (-e),
  nul (-le), sympa
  facile, moche, fantastique

Ces téléphones **sont** {
géniaux.
beaux.
fantastiques.
}

Nomen + être + Adjektiv

- Alle Adjektive können durch das Verb *être* mit dem Nomen verbunden sein.

C G16 *ne … plus* – Die Verneinung (III) *ne … plus*

*La négation avec **ne … plus***

W Die Verneinung mit **ne … pas**, **ne … rien** und **ne … pas encore** kennst du bereits:

Il ne mange pas. Il ne mange rien. Il ne mange pas encore.
… nicht … … nichts … … noch nicht …

Neu! Nun lernst du die Verneinung mit **ne … plus** (… nicht mehr …) kennen.

Simon a une nouvelle copine.

Il **n'** est **plus** avec Marine.

Il **ne** veut **plus** parler avec elle.

ne + Verb + plus

- Die Verneinung mit den Verneinungswörtern **ne … plus** wird genauso gebildet wie die Verneinungen mit **ne … pas**, **ne … rien** und **ne … pas encore**: Die Verneinungswörter umschließen **das konjugierte Verb**.

- Vor Vokal oder stummem *h* wird *ne* zu **n'** verkürzt.

L

Du kennst nun schon vier Verneinungen. Schreibe sie alle zusammen auf, um sie dir gut einzuprägen.

ne … pas	– nicht
ne … pas encore	– noch nicht
ne … rien	– nichts
ne … plus	– nicht mehr

LEÇON 4

A G17 *Elle prend du pain et de la confiture.* – Der Teilungsartikel

L'article partitif

W Aus **Tous ensemble 1** (G 28) weißt du bereits Folgendes:

Nach Wörtern, die eine Menge *(un kilo …, une bouteille …, beaucoup …, un peu …)* ausdrücken, steht immer ***de/d'* + Nomen**.

Je prends	**deux kilos de** tomates,	**beaucoup d'**oignons	et **un peu de** sel.
Ich nehme	zwei Kilo Tomaten,	viele Zwiebeln	und ein wenig Salz.

Neu! Nun lernst du den so genannten Teilungsartikel kennen, den man für **nicht zählbare Nomen** nutzt.

Lucie prend son petit-déjeuner.

Elle a	**de l'**	appétit.		Sie hat	Appetit.
Elle prend	**du**	pain,		Sie nimmt	Brot,
	de la	confiture et			Marmelade und
	de l'	eau.			Wasser.

↓   ↓   ↓   ↓   ↓

Verb + Teilungs- + Nomen artikel   **Verb + Nomen**

- Der Teilungsartikel ***du, de la, de l'*** wird aus ***de*** und dem **bestimmten Artikel** gebildet.

- Er bezeichnet eine **unbestimmte Menge nicht zählbarer Gegenstände**.

- Der Teilungsartikel wird auch bei abstrakten Begriffen verwendet:

  Elle a **de l'** appétit.
  Sie hat ── Appetit.

F/D Der Teilungsartikel gibt **einen Teil vom Ganzen** an.
Im Deutschen steht in diesen Fällen **kein Artikel**:

Elle prend **du** pain.
Sie nimmt ── Brot.

G18 *ne … pas de / ne … plus de* – Die Verneinung mit *ne … pas de / ne … plus de*

*La négation avec **ne … pas de / ne … plus de***

W Du kennst bereits die Verneinung mit ***ne … pas*** (nicht) und ***ne … plus*** (nicht mehr).

Neu! **1.** *ne … pas de*

Den deutschen Wörtern **kein / keine** entspricht im Französischen ***ne … pas de***.

Je n'ai **pas de** chance.

Dans le frigo, il **n'** y a **pas de** | yaourts.
chocolat.
lait.

- ***Ne … pas de / ne …pas d'*** ist eine Mengenangabe und bezeichnet die Menge ‚**Null**'.

2. *ne … plus de*

Dem deutschen Ausdruck **keine … mehr** entspricht im Französischen ***ne … plus de***.

Alors, Clément va vite faire les courses.
Mais il n'a vraiment pas de chance.

Il y a encore de la confiture.
Mais il **n'** y a **plus de** yaourts.

Il y a encore des biftecks.
Mais il **n'** y a **plus de** chocolat.

Il y a encore du pain.
Mais il **n'** y a **plus de** lait.

On **n'a plus de**

- ***Ne … plus de / ne …plus d'*** ist eine Mengenangabe, die aussagt, dass von einer Sache **nichts mehr** vorhanden ist.

F/D Beachte die unterschiedliche Satzstellung: Je **n'**ai **plus d'**appétit.

Ich habe **keinen** Hunger **mehr**.

G19 *je dois, tu dois … –* Das Verb *devoir*

*Le verbe **devoir***

devoir		[dəvwar]	müssen
je	**dois**	⎫	
tu	**dois**	⎬ [dwa]	
il / elle / on	**doit**	⎭	
nous	dev**ons**	[dəvõ]	
vous	dev**ez**	[dəve]	
ils / elles	**doivent**	[dwav]	

J'en ai vraiment marre. **Il doit** mettre la musique moins fort.

Ähnlich wie bei *pouvoir* und *vouloir* folgt (wie im Deutschen) auf *devoir* meist ein Infinitiv.

Aujourd'hui, Clément n'a pas cours de maths.

Alors, Clément **peut rentrer** à la maison.
kann

Dans sa chambre, il **veut écouter** de la musique.
will

Mais il **doit ranger** sa chambre.
muss

B G20   *je dors, je pars, je sors* – Die Verben auf *-ir: dormir, partir, sortir*

Les verbes en -ir: dormir, partir, sortir

W   Aus **Tous ensemble 1** (G 7) kennst du bereits alle Präsensformen der regelmäßigen Verben auf **-er** (z. B.: cherch**er**, aim**er**).

Neu!   Du lernst nun eine weitere Gruppe von regelmäßigen Verben kennen. Sie enden im Infinitiv auf **-ir**.

dormir [dɔrmir]	**partir** [partir]	**sortir** [sɔrtir]
schlafen	losgehen / abfahren	hinausgehen

je **dors**	je **pars**	je **sors**	
tu **dors** } [dɔr]	tu **pars** } [par]	tu **sors** } [sɔr]	
il / elle / on **dort**	il / elle / on **part**	il / elle / on **sort**	
nous **dormons** [dɔrmõ]	nous **partons** [partõ]	nous **sortons** [sɔrtõ]	
vous **dormez** [dɔrme]	vous **partez** [parte]	vous **sortez** [sɔrte]	
ils / elles **dorment** [dɔrm]	ils / elles **partent** [part]	ils / elles **sortent** [sɔrt]	

Ebenso: ment**ir**, sent**ir**   lügen, riechen
(je mens / je sens, nous mentons / nous sentons …)

Imperativ: **Imperativ:**   **Imperativ:**

Dor**s**.	Par**s**.	Sor**s**.
Dor**mons**.	Par**tons**.	Sor**tons**.
Dor**mez**.	Par**tez**.	Sor**tez**.

passé composé: *passé composé:*   *passé composé:*

elle **a** dorm**i**	il **est** part**i**	il **est** sort**i**
on **a** dorm**i**	elle **est** part**ie**	elle **est** sort**ie**
elles **ont** dorm**i**	on **est** part**is/-es**	on **est** sort**is/-es**
	ils **sont** part**is**	ils **sont** sort**is**
	elles **sont** part**ies**	elles **sont** sort**ies**

Ebenso: ment**ir**, sent**ir**
(il **a** menti / elle **a** senti)

- Die Verben auf **-ir** haben nur in den drei Singularformen andere Endungen als die Verben auf **-er**, nämlich **-s, -s, -t**.
- Die Endungen der Pluralformen sind gleich.

Endungen der Verben auf **-ir** im Präsens:

Singular:	Plural:
-s	**-ons**
-s	**-ez**
-t	**-ent**

L   il ment   [mã]   elle sent   [sã]

ils mentent   [mãt]   elles sentent [sãt]

Beachte bei allen Verben der Gruppe auf **-ir** die Aussprache der 3. Person Singular und Plural.

G21 *il faut faire qc / Il faut du lait.* – *il faut* + Infinitiv / *il faut* + Nomen

W Du weißt bereits, dass es sowohl im Französischen als auch im Deutschen Verben gibt, auf die eine Infinitivform folgt.

Marine et Charlotte	**aiment**	**faire** du shopping.
Charlotte	**veut**	**acheter** un bel anorak pour le ski.
Mais aujourd'hui, elles **ne**	**peuvent pas**	**aller** en ville,
parce qu'elles	**doivent**	**préparer** une interro.
Alors, elles	**préfèrent**	**rester** chez Marine.
Et l'anorak? Elles	**vont**	**faire** du shopping samedi …

 Neu! Nun lernst du die Wendung *il faut* kennen.

1. *il faut* + Infinitiv

> Avant l'interro de maths, Clément n'a pas faim.
>
> Mme Marot: Ecoute, Clément, **il faut manger** au moins un yaourt.
> Il **ne faut pas aller** au collège sans petit-déjeuner.

- *Il faut* ist ein **unpersönlicher Ausdruck**, d.h., die Verbform *faut* kann nur mit *il* verbunden werden, nie mit anderen Pronomen. *Il faut* bedeutet **man muss** oder **wir müssen**.
- Nach *il faut* und *il ne faut pas* steht das Verb immer im **Infinitiv**.

2. *il faut* + Nomen

> A midi, Lucie a beaucoup d'appétit.
> Qu'est-ce qu'il faut pour son sandwich?
>
> Regardez: **il faut** **une baguette,**
>   **du beurre,**
>   **du fromage** et
>   beaucoup **de jambon.**

Wenn nach *il faut* ein Nomen folgt, musst du *il faut* mit **wir benötigen** oder **man braucht** übersetzen.

L *il faut* + Infinitiv = man muss, wir müssen (etwas tun)

il faut + Nomen = man braucht, wir brauchen (etwas) /
   man benötigt, wir benötigen (etwas)

il ne faut pas + Infinitiv = man darf nicht (etwas tun)

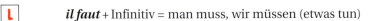

Révisions 2

- *voir*
- *devoir*

unregelmäßige Verben

- *dormir*
- *partir*
- *sortir*

Verben auf -ir

Déjà vu!

Verneinung
- *ne ... plus*
- *ne ... pas de*
- *ne ... plus de*

Nomen und Begleiter
- Demonstrativbegleiter: *ce, cet, cette, ces*
- Teilungsartikel: *du, de la, de l'*

Adjektive
- Farbadjektive
- Stellung im Satz
- *petit / grand*
- *beau / nouveau*

---

unregelmäßige Verben

G 11, 19

voir	devoir	
je vo**is**	je **dois**	Je **dois ranger** ma chambre.
tu vo**is**	tu **dois**	
il / elle / on voit	il / elle / on **doit**	**devoir + Infinitiv**
nous vo**yon**s	nous dev**ons**	
vous vo**yez**	vous dev**ez**	
ils / elles voi**ent**	ils / elles **doivent**	

passé composé: j'ai **vu**

Verben auf -ir

G 20

dormir	partir	sortir
je dor**s**	je par**s**	je sor**s**
tu dor**s**	tu par**s**	tu sor**s**
il / elle / on dor**t**	il / elle / on par**t**	il / elle / on sor**t**
nous dor**mons**	nous par**tons**	nous sor**tons**
vous dor**mez**	vous par**tez**	vous sor**tez**
ils / elles dor**ment**	ils / elles par**tent**	ils / elles sor**tent**

Imperativ: Dors. Dormons. Dormez.

Imperativ: Pars. Partons. Partez.

Imperativ: Sors. Sortons. Sortez.

passé composé:	*passé composé:*	*passé composé:*
Elle a dorm**i**.	Elle est part**ie**.	Elle est sort**ie**.
Ils ont dorm**i**.	Ils sont part**is**.	Ils sont sort**is**.

Verneinung

G 16,18

Ne ... plus ist die Verneinung eines Verbs und bedeutet **nicht mehr**.
Ne ... pas de ist eine Mengenangabe, die aussagt, dass von einer Sache **nichts** vorhanden ist.
Ne ... plus de ist eine Mengenangabe, die aussagt, dass von einer Sache **nichts mehr** vorhanden ist.

Clément **ne** dort **plus**. Il va prendre son petit déjeuner.
Zut, il **n'**y a **plus de** pain chez les Marot. Ce n'est pas grave parce que Clément **n'**a **pas d'**appétit.

Nomen und Begleiter

G 12

Singular	**ce** portable	**cet** ordinateur **cet** hôpital	**cette** région / **cette** affiche
Plural	**ces** portables / **ces** ordinateurs		**ces** régions / **ces** affiches

G 17

Man benutzt die **Teilungsartikel du** lait / **de l'**argent
de la confiture / **de l'**eau
für **unbestimmte Mengen nicht zählbarer Dinge.**

Mme Marot a mis **de l'**argent sur la table pour Clément.
Il doit acheter **du** fromage, **de l'**eau et **de la** purée.

Adjektive

G 9, 10, 13, 15

Die meisten französischen Adjektive sind **veränderlich**: Sie richten sich in **Geschlecht** (Maskulinum / Femininum) und **Zahl** (Singular / Plural) nach dem Nomen, auf das sie sich beziehen. Einige Adjektive stehen **vor**, andere **nach** dem Nomen.

le pull noir **les** pulls noir**s**	**la** jupe noir**e** **les** jupes noir**es**	Nomen + Adjektiv
Le pull est noir.	**La** jupe est noir**e**.	Nomen + être + Adjektiv

petit / grand

un petit pull **des** grand**s** pulls	**une** petit**e** jupe **des** grand**es** jupes	Adjektiv + Nomen
Les pulls sont grand**s**.	**Les** jupes sont grand**es**.	Nomen + être + Adjektiv

beau / nouveau

G 14

Singular	un **beau** pull un **nouveau** jean	un **bel** anorak un **nouvel** hôtel	vor Vokal und stummem *h*	une **belle** maison une **nouvelle** robe
Plural	des **beaux** pulls des **nouveaux** jeans			des **belles** maisons des **nouvelles** robes

Mit den folgenden Aufgaben kannst du kontrollieren, ob du die Grammatik aus den Lektionen 3 bis 4 beherrschst. Schreibe die Lösungen in dein Heft! (Die Lösungen findest du auf S. 65)

Verben

A *Complète avec* **dormir, partir, sortir, devoir** *et* **voir.** G 11, 19, 20

dormir 1. Après la fête d'anniversaire, Lucie et Clément n' ? pas beaucoup ? (p.c). 2. Alors maintenant, ils ? devant la télé. 3. Leur mère aussi est très fatiguée. Elle ? dans sa chambre.

partir 1. *Sophie:* Qu'est-ce que vous faites pendant les vacances? Moi, je ? au ski.
2. *Lucie et Léa:* Nous aussi, nous ? au ski, à Méribel. Nos grands-parents ? avec nous.
3. *Sophie:* Et vos parents? Ils ne ? pas en vacances?
4. *Lucie et Léa:* Si, mais ils ? déjà ? ce matin.

sortir 1. *Charlotte:* Tu ? avec moi, ce soir?
2. *Marine:* Non, je ne peux pas. J'ai rendez-vous avec Amélie. On ? ensemble au cinéma.
3. *Charlotte:* Hier, tu ? déjà ? avec elle. Et moi, alors? Tu m'oublies?

devoir 1. *Lucie:* Maman, je ? partir à 6 heures. J'ai rendez-vous avec Fatima.
2. *Mme Marot:* D'abord, tu ? faire tes devoirs de maths. Et où est Clément?
Il ? ranger sa chambre.
3. *Lucie:* Mais, nous ne ? pas faire nos devoirs aujourd'hui. Demain c'est samedi!
4. *Mme Marot:* Bon, c'est vrai. Mais vous ? ranger votre chambre. Mamie arrive demain …

voir 1. – Tu ? ces chaussures bleues, Charlotte? Elles sont géniales, je trouve. 2. – Oui, mais tu ? ? le prix! 3. – Oh, là, là … je ?. Elles sont vraiment chères!

Verneinung

B *Fais la négation avec* **ne … pas de/ne … plus de**. G 18

Le soir, Lucie veut faire le dessert: – Zut, il ? y a ? ? sucre, et dans le frigo, il ? y a ? ? pommes. Alors, Lucie ? prépare ? ? dessert.

Nomen und Begleiter

C *Cherche la forme correcte:* **ce, cet, cette** *ou* **ces**. G 12, 17

1. – Regarde ? vêtements en solde! Tu as vu ? petit pull, ? anorak de ski, ? casquettes blanches, et ? belle robe rouge … et là, ? pantalon gris. Il est génial, ? magasin! 2. – Moi, j'aime bien ? jean noir et ? minijupe. 3. – ? après-midi, on fait du shopping. Tu vas voir, ? soir, on ne va plus avoir d'argent pour le cinéma.

D *Mets l'article partitif* **du, de la** *und* **de l'**.

Aujourd'hui, Clément doit faire les courses. Mme Marot a laissé ? argent sur la table. Clément doit acheter ? fromage, ? confiture d'oranges, ? lait, ? huile, ? farine, ? chocolat et ? eau.

Adjektive

E *Complète avec* **les adjectifs** (1) *beau,* (2) *nouveau, petit, bleu, blanc,* (3) *grand,* G 9, 10, 13, 14, 15
(4) *nouveau, sympa,* (5) *marrant, grand, petit, génial,* (6) *beau, moche, nouveau, gentil*

Cher Eric,   1. Merci pour ta lettre. Mes parents ont trouvé un ? appartement à Saint-Malo. 2. Ma ? chambre est ?. Ma table et mon lit sont ? et ?. 3. Samedi, j'ai aussi acheté deux ? posters pour ma chambre. 4. Nos ? voisins sont très ?. 5. Yann, leur fils est très ?, c'est mon ? copain maintenant … et sa ? sœur Sophie est ?. 6. Je t'invite pour les vacances. Saint-Malo est une ? ville, mon collège est ? mais mes ? copains du collège sont très ?.   A bientôt!   Pierre

LEÇON 5

A G 22 *Je le prends.* – Die direkten Objektpronomen *le, la, l', les*

*Les pronoms objets directs **le, la, l', les***

W Aus G 3 kennst du bereits die Objektpronomen der 1. und 2. Person im Singular *(me, te)* und Plural *(nous, vous)*. Außerdem weißt du, dass im Französischen die Objektpronomen vor dem Verb stehen.

> Patrick **te** cherche.
> On **nous** regarde.

Neu! Du lernst nun die **direkten Objektpronomen der 3. Person Singular** und **Plural** kennen. Diese können direkte Objekte ersetzen.

1. Formen

Thomas et Julien préparent leurs affaires pour le voyage.

Julien:	Tu prends	**le CD**	de Zebda?
Thomas:	Oui, je	**le**	prends.
Julien:	Tu mets	**la BD**	dans ton sac?
Thomas:	D'accord, je	**la**	mets dans mon sac.
Julien:	Tu prends aussi	**la vidéo**	de «TGV»?
Thomas:	Oui, oui, je	**l'**	ai déjà.
Julien:	Je cherche	**mon portable**	.
Thomas:	Tu	**l'**	as peut-être dans ton sac.
Julien:	Et	**les billets**	?
Thomas:	Je	**les**	cherche aussi.

Die direkten Objektpronomen heißen ***le, la, l', les***.

- ***Le*** ersetzt ein maskulines Nomen im Singular.

- ***La*** ersetzt ein feminines Nomen im Singular.

- Vor Vokal oder stummem h werden ***le*** und ***la*** zu ***l'***.

- ***Les*** ersetzt maskuline und feminine Nomen im Plural.

2. Stellung

– Est-ce que Julien laisse **son portable** à la maison?

– Non, il **ne le** laisse **pas** à la maison.

- Im verneinten Satz umschließt die Verneinung ***ne ... pas*** das Objektpronomen und das Verb.

F/D L'appareil photo? Je **le** cherche. Je **ne le** trouve **pas**.

Ich suche **ihn**. Ich finde **ihn nicht**.

Beachte die unterschiedliche Satzstellung!

> das direkte Objekt = das Akkusativobjekt
> das direkte Objektpronomen = das Fürwort als direktes Objekt

5A/B

G 23 *cent, deux cents …* – Die Zahlen über 100

Les nombres de 100 à …

100 cent [sã]		**101** cent un (une) [sãɛ̃]	
		109 cent neuf	
200 deux cent**s**		**202** deux cen**t** deux	
		299 deux cen**t** quatre-vingt-dix-neuf	
300 trois cents			
400 quatre cents			
500 cinq cents			
600 six cent**s**			
700 sept cents			
800 huit cents			
900 neuf cents			
1000 mille [mil]		**1001** mille un (une)	
2000 deux mill**e** [mil]		**2001** deux mill**e** un (une)	
		2202 deux mill**e** deux cen**t** deux	

cent:	• Ab **200** bekommen die vollen Hunderter ein *-s*.
	• Wenn eine Zahl folgt, verliert *cents* das *-s (trois cent trois)*.
	• Vor Vokal oder stummem *h* wird das Plural-*s* gebunden: *trois cents‿ans* [tʀwasãzã]
mille:	• *Mille* ist unveränderlich, bekommt also **nie** ein Plural-*s*.
	• Nach *cent* und *mille* werden *un* bzw. *une* ohne *et* angeschlossen.

B G 24 *je viens, tu viens …* – Das Verb *venir*

*Le verbe **venir***

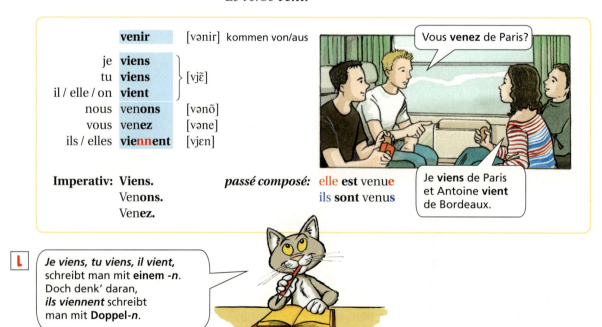

venir	[vənir]	kommen von/aus
je **viens**		
tu **viens**	[vjɛ̃]	
il / elle / on **vient**		
nous ven**ons**	[vənõ]	
vous ven**ez**	[vəne]	
ils / elles **vie**nn**ent**	[vjɛn]	

Imperativ: Viens.
Ven**ons**.
Ven**ez**.

passé composé: elle **est** venue
ils **sont** venus

Vous **venez** de Paris?

Je **viens** de Paris et Antoine **vient** de Bordeaux.

L *Je viens, tu viens, il vient,* schreibt man mit **einem -n**. Doch denk' daran, *ils viennent* schreibt man mit **Doppel-n**.

40 quarante

G 25 *quel métro, quelle voie …* – Der Fragebegleiter *quel*

Le déterminant interrogatif **quel**

W Aus **Tous ensemble 1** kennst du bereits die Wendungen: *Tu as quel âge?* und *Il est quelle heure?*
A quelle heure …?

Neu! Der Fragebegleiter **quel** kann mit jedem Nomen verwendet werden.
Er bedeutet wörtlich „welcher, welche, welches".

Avant le voyage de Thomas et Julien:

le / les

la / les

Quel métro ⎫
Quels trains ⎭ est-ce qu'il faut prendre?

Quelle voie ⎫
Quelles places ⎭ est-ce qu'il faut prendre?

- Der Fragebegleiter *quel* richtet sich in Geschlecht und Zahl nach dem Nomen, auf das er sich bezieht.
- Alle vier Formen werden vor Konsonanten gleich ausgesprochen: [kɛl]
- Vor Vokal und stummem *h* wird das **-s** von *quels* und *quelles* beim Aussprechen als [z] gebunden: Quel**s** **a**mis? [kɛlzamis]   Quelle**s** **é**quipes? [kɛlzekip]

G 26 *Il est 14 h 25.* – Die offizielle Zeitangabe

L'heure officielle

Il est …
- `18:30` … dix-huit heure**s** trente.
- `21:45` … vingt et **une** heure**s** quarante-cinq.
- `23:11` … vingt-trois heure**s** onze.
- `00:51` … zéro heure cinquante et **une** (minutes).

Ici Radio Toulouse.
Il est **dix-huit heures trente**.

- Bei offiziellen Zeitangaben werden wie im Deutschen die **Stunden** von 0 bis 24 und die **Minuten** von 1 bis 59 gezählt.

`21:01`

L

Denk daran, es heißt
une heure und *une minute*.
Daher sagst du auch
*vingt et **une** heures **une***.

5c

C G 27 *j'attends, tu descends* – Die Verben auf *-dre: attendre, descendre …*

Les verbes en -dre: attendre, descendre …

W Du weißt bereits, dass sich die Verben im Französischen in mehrere Gruppen einteilen lassen.
Du kennst schon folgende regelmäßige Verbgruppen:

Verben **auf -er:** z. B. *chercher* (Band 1, G 7)
Verben **auf -ir:** z. B. *dormir* (Band 2, G 20)

Neu! Du lernst nun eine weitere Gruppe von regelmäßigen Verben kennen: Sie enden im Infinitiv auf *-dre*.

attendre	[atãdr] warten	**descendre**	[desãdr] hinuntergehen; aussteigen

j'	attend**s**	} [atã]	je	descend**s**	} [desã]
tu	attend**s**		tu	descend**s**	
il / elle / on	atten**d**		il / elle / on	descen**d**	
nous‿attend**ons**	[atãdõ]		nous descend**ons**	[desãdõ]	
vous‿attend**ez**	[atãde]		vous descend**ez**	[desãde]	
ils / elles‿attend**ent**	[atãd]		ils / elles descend**ent**	[desãd]	

Ebenso: entendre, répondre, perdre   hören, antworten, verlieren
(j'entend**s**, je répond**s**, je perd**s** …)

Imperativ: Attend**s**.   **Imperativ:** Descend**s**.
Attend**ons**.   Descend**ons**.
Attend**ez.**   Descend**ez.**

passé composé: elle **a** attend**u**

passé composé:
il **est** descend**u**
elle **est** descend**ue**
ils **sont** descend**us**
elles **sont** descend**ues**

Ebenso: entendre, répondre, perdre
(il a entend**u**, il a répond**u**, il a perd**u**)

- Die Verben auf *-dre* haben im Präsens die Endungen *-s, -s, -d, -ons, -ez, -ent.*
- Nur die Endungen *-ons* und *-ez* werden ausgesprochen.

L  Beachte auch bei den Verben auf *-dre* die unterschiedliche Aussprache der 3. Person Singular und Plural.

il descend [ildesã]   elle attend [ɛlatã]
ils descend**ent** [ildesãd]   elles‿attend**ent** [ɛlzatãd]

LEÇON 6

A G 28 *Il lui montre …* – Die indirekten Objektpronomen *lui/leur*

*Les pronoms objets indirects **lui/leur***

W Aus G 3 kennst du schon die **Objektpronomen** *me, te, nous, vous*.
Und aus G 22 weißt du bereits, dass die **direkten Objekte** in der 3. Person Singular und Plural durch die direkten Objektpronomen *le, la, les* ersetzt werden.

– Tu prends **le CD** de Zebda?   – Oui, je **le** prends.
– Et **les vidéos**?   – Euh, je **les** prends aussi.
↓   ↓

direktes Objekt	**direktes Objektpronomen**

Neu! Neben den direkten Objekten gibt es auch **indirekte Objekte**.

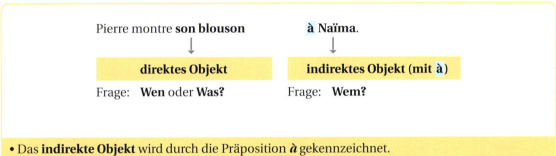

Pierre montre **son blouson**   **à** Naïma.
↓   ↓

direktes Objekt	**indirektes Objekt (mit à)**

Frage: **Wen** oder **Was?**   Frage: **Wem?**

- Das **indirekte Objekt** wird durch die Präposition *à* gekennzeichnet.
- In der Regel folgt das indirekte Objekt auf das direkte Objekt.

1. Formen

Auch die indirekten Objekte kannst du durch Pronomen ersetzen.
Diese Pronomen heißen **indirekte Objektpronomen**.

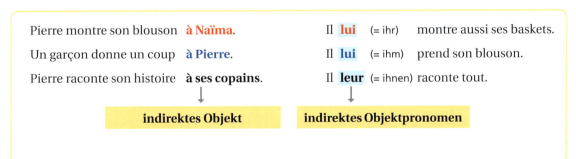

Pierre montre son blouson **à Naïma**.   Il **lui** (= ihr) montre aussi ses baskets.
Un garçon donne un coup **à Pierre**.   Il **lui** (= ihm) prend son blouson.
Pierre raconte son histoire **à ses copains**.   Il **leur** (= ihnen) raconte tout.
↓

indirektes Objekt	**indirektes Objektpronomen**

- Die **indirekten Objektpronomen** für die 3. Person heißen *lui* und *leur*.

Lui (ihm/ihr) ersetzt ein **maskulines** oder ein **feminines** Nomen im **Singular**.
Leur (ihnen) ersetzt **maskuline** oder **feminine** Nomen im **Plural**.

2. Stellung

Les copains posent des questions	**à Pierre**.	Ils **lui** demandent beaucoup de choses.
Pierre explique le problème	**à ses parents**.	Mais il **ne leur** explique **pas** tout.
Fanny a décrit le garçon	**au prof**.	Elle **lui a décrit** le garçon.
Elle va aussi décrire le garçon	**à la principale**.	Elle **va lui décrire** le garçon.

- Im **Präsens** stehen alle **Objektpronomen** *lui, leur, le, la, les, me, te, nous, vou*s **vor dem Verb**. Die Verneinungswörter *ne … pas* umschließen das Objektpronomen und das Verb.
  Pierre: Il **ne me donne pas** mon blouson.

- Im *passé composé* stehen die Objektpronomen **vor dem konjugierten Hilfsverb**.

- Im *futur composé* stehen die Objektpronomen **vor dem Infinitiv**. Diese Regel gilt auch für andere Verben, die einen Infinitiv bei sich haben (z. B.: *pouvoir* + Infinitiv).
  – Tu **peux donner** un exemple **à M. Boussac**?
  – Bien sûr, je **veux lui donner** / **peux lui donner** un exemple.

Les élèves de la 4^eA racontent	**leur** problème.
	leurs problèmes.

Le prof principal **leur** pose des questions.

Die Possessivbegleiter stehen immer

vor einem **Nomen** im Singular oder Plural.

leur (ihr) problème
leurs (ihre) problèmes

Das indirekte Objektpronomen steht immer

vor einem **Verb** und ist **unveränderlich**.

leur (ihnen) pose des questions

Verwechsle nicht
leur/leurs (Possessivbegleiter) mit *leur* (indirektes Objektpronomen).

das indirekte Objekt	=	das Objekt mit *à*
das indirekte Objektpronomen	=	das Fürwort als indirektes Objekt

G 29 *je connais, tu connais …* – Das Verb *connaître*

Le verbe connaître

Das Verb **connaître** ist unregelmäßig.

connaître		[kɔnɛtʀ] kennen
je	connai**s**	
tu	connai**s**	[kɔnɛ]
il/elle/on	connaî**t**	
nous	connai**ss**ons	[kɔnɛsõ]
vous	connai**ss**ez	[kɔnɛse]
ils/elles	connai**ss**ent	[kɔnɛs]

Vous **connaissez** le garçon?

Oui, moi, je le **connais**.

B G 30 *je dis, je lis, j'écris* – Die Verben *dire, lire, écrire*

Les verbes dire, lire, écrire

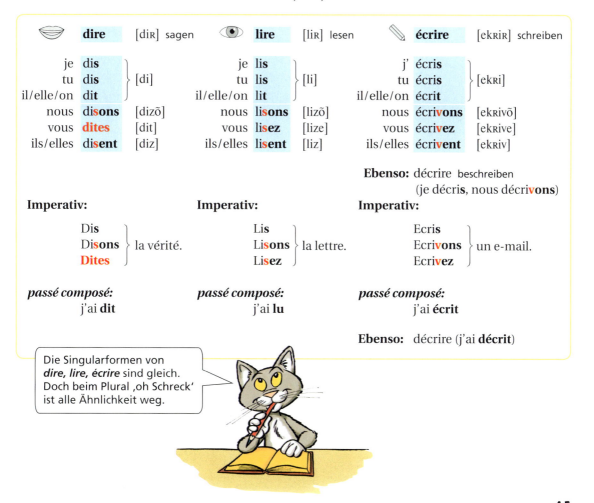

	dire	[diʀ] sagen		**lire**	[liʀ] lesen		**écrire**	[ekʀiʀ] schreiben
je	di**s**		je	li**s**		j'	écri**s**	
tu	di**s**	[di]	tu	li**s**	[li]	tu	écri**s**	[ekʀi]
il/elle/on	di**t**		il/elle/on	li**t**		il/elle/on	écri**t**	
nous	di**s**ons	[dizõ]	nous	li**s**ons	[lizõ]	nous	écri**v**ons	[ekʀivõ]
vous	**dites**	[dit]	vous	li**s**ez	[lize]	vous	écri**v**ez	[ekʀive]
ils/elles	di**s**ent	[diz]	ils/elles	li**s**ent	[liz]	ils/elles	écri**v**ent	[ekʀiv]

Ebenso: décrire beschreiben
(je décri**s**, nous décri**v**ons)

Imperativ:			**Imperativ:**			**Imperativ:**		
Di**s**			Li**s**			Ecri**s**		
Di**s**ons	la vérité.		Li**s**ons	la lettre.		Ecri**v**ons	un e-mail.	
Dites			Li**s**ez			Ecri**v**ez		

passé composé:	*passé composé:*	*passé composé:*
j'ai **dit**	j'ai **lu**	j'ai **écrit**

Ebenso: décrire (j'ai **décrit**)

Die Singularformen von *dire, lire, écrire* sind gleich. Doch beim Plural ‚oh Schreck' ist alle Ähnlichkeit weg.

6B

G 31 *à qui …, de quoi … –* Fragen stellen

On pose des questions.

 W Du weißt bereits, wie man Fragen stellt:

– **A qui** est-ce que Pierre raconte son histoire? – A Théo et Naïma.

Neu! Das Fragewort *qui* kannst du auch mit anderen Präpositionen verwenden.

1. Frage nach Personen

Les élèves de la 4^{e}A ont «Vie de classe» avec leur prof principal. M. Boussac pose beaucoup de questions:

– **A qui**   est-ce qu'on a aussi volé de l'argent?

– **De qui**   est-ce que vous parlez?

– **Avec qui** est-ce que Pierre a déjà parlé?

– **Chez qui** est-ce que vous allez pour préparer le projet?

à qui	= wem
de qui	= von wem
avec qui	= mit wem
chez qui	= bei wem, zu wem

- Nach einer Präposition steht *qui*, wenn eine **Person** gemeint ist.
- Nach **Präposition +** *qui* verwendest du *est-ce que.*

2. Frage nach Sachen

Das Fragewort *que* kannst du nicht nach Präpositionen verwenden. Statt *que* musst du *quoi* nehmen.

– **De quoi**   est-ce que la classe parle?

– **Contre quoi** est-ce que la 4^{e}A fait un projet?

– **Sur quoi**   est-ce qu'un groupe fait une enquête?

de quoi	= worüber, wovon
contre quoi	= wogegen, gegen was
sur quoi	= worüber

- Nach einer Präposition steht *quoi* (nicht ~~que~~!), wenn eine **Sache**, eine **Tätigkeit** oder ein **Begriff** gemeint ist.
- Nach **Präposition +** *quoi* verwendest du *est-ce que.*

C G 32 *Il dit que …/Il demande si …* – Die indirekte Rede / Die indirekte Frage

Le discours indirect / L'interrogation indirecte

Wenn du Aussagen oder Fragen anderer Personen wiedergeben möchtest, verwendest du nicht die **direkte (= wörtliche) Rede** oder **Frage**, sondern die **indirekte Rede** bzw. **Frage**.

1. Aussagesatz

 Il faut faire quelque chose.

Nicolas **pense qu'**il faut faire quelque chose.

direkte Rede	**indirekte Rede**
«Le résultat est intéressant.»	Il **trouve que** le résultat est intéressant.
«La violence est partout.»	Il **dit que** la violence est partout.
«Il faut faire quelque chose!»	Il **explique qu'** il faut faire quelque chose!

- Die **indirekte Rede** wird von folgenden Verben + *que* eingeleitet:
- Die indirekte Rede wird immer mit *que* eingeleitet. Im Französischen steht vor *que* **kein Komma**.
- Vor Vokalen wird *que* zu *qu'* verkürzt.

dire que	= sagen, dass
penser que	= denken, dass
répondre que	= antworten, dass
trouver que	= finden, dass
expliquer que	= erklären, dass

2. Fragesatz

 Les élèves sont contents du résultat?

Mme Garcia **demande si** les élèves sont contents du résultat.

direkte Frage	**indirekte Frage**
«Est-ce que les élèves ont bien travaillé?»	Elle **demande si** les élèves ont bien travaillé.
«Est-ce qu'ils parlent du racket à la maison?»	Elle **demande s'** ils parlent du racket à la maison.

- Die **indirekte Frage** wird von *demander si* eingeleitet:
- Vor *il/ils* wird **si** zu **s'** verkürzt. Jedoch **nicht** vor *elle/elles*.
- *Est-ce que* entfällt in der indirekten Frage.

demander si = fragen, ob

Révisions 3

Déjà vu!

- à qui …
- de quoi …

Fragen

indirekte Rede/Frage
- je pense que …
- je demande si …

- Fragebegleiter *quel*

Nomen und Begleiter

unregelmäßige Verben
- *venir*
- *connaître*
- *dire, lire, écrire*

- direkte Objektpronomen: *le, la, l', les*
- indirekte Objektpronomen: *lui, leur*

Pronomen

Verben auf -dre
- *attendre*
- *descendre*

Fragen

G 31

| – **A qui** | est-ce que tu penses? | } Frage nach Personen |
| – **Avec qui** | est-ce que tu travailles? | |

| – **De quoi** | est-ce qu'ils parlent? | } Frage nach Sachen, Tätigkeiten, Begriffen |
| – **Contre quoi** | est-ce que vous préparez le projet? | |

Nomen und Begleiter

G 25

Quel âge est-ce que tu as?   **Quelle** BD est-ce que tu aimes?
Quels hobbys est-ce que tu as?   **Quelles** équipes sont super?

Pronomen

G 22, 28

Thomas prend **le CD**. → Il **le** prend.
Julien prend **la vidéo** de TGV. → Il **la** prend.
Ils prennent **les billets.** → Ils **les** prennent.
Les copains racontent l'histoire **au prof**. → Il **lui** racontent l'histoire.
Les copains racontent l'histoire **à la principale**. → Il **lui** racontent l'histoire.
Les copains racontent l'histoire **aux parents.** → Ils **leur** racontent l'histoire.

Achte auf die **Satzstellung:** Jean **lui montre** son nouveau blouson.

Naïma **leur a expliqué** le problème.

– Merci pour ton magazine. Je **vais le lire** tout de suite.

– Et mes devoirs?   Je **peux les faire** ce soir.

Achte auf die **Verneinung:** Le garçon **ne lui** répond **pas.**

Il **ne le** connaît **pas.**

Révisions 3

G 32

die indirekte Rede/Frage

Die **indirekte Rede** wird immer mit *que* und die **indirekte Frage** mit *si* eingeleitet.

Mme Garcia dit:	«La 4ᵉA fait un projet intéressant sur la violence à l'école.»
Elle trouve que	la 4ᵉA fait un projet intéressant sur la violence à l'école.
Mme Garcia demande:	«Est-ce que les élèves veulent présenter leur projet aux autres?»
Elle demande si	les élèves veulent présenter leur projet aux autres.

unregelmäßige Verben

G 24, 29

venir		**connaître**	
je	**viens**	je	connai**s**
tu	**viens**	tu	connai**s**
il/elle/on	**vient**	il/elle/on	connaî**t**
nous	ven**ons**	nous	connai**ssons**
vous	ven**ez**	vous	connai**ssez**
ils/elles	**viennent**	ils/elles	connai**ssent**

passé composé: elle **est** venu**e**
ils **sont** venu**s**

G 30

dire		**lire**		**écrire**	
je	di**s**	je	li**s**	j'	écri**s**
tu	di**s**	tu	li**s**	tu	écri**s**
il/elle/on	di**t**	il/elle/on	li**t**	il/elle/on	écri**t**
nous	di**sons**	nous	li**sons**	nous	écri**vons**
vous	**dites**	vous	li**sez**	vous	écri**vez**
ils/elles	di**sent**	ils/elles	li**sent**	ils/elles	écri**vent**

passé composé: j'ai **dit**   *passé composé:* j'ai **lu**   *passé composé:* j'ai **écrit**

Verben auf -dre

G 27

attendre		**descendre**	
j'	attend**s**	je	descend**s**
tu	attend**s**	tu	descend**s**
il/elle/on	atten**d**	il/elle/on	descen**d**
nous	attend**ons**	nous	descend**ons**
vous	attend**ez**	vous	descend**ez**
ils/elles	attend**ent**	ils/elles	descend**ent**

passé composé: j'ai attend**u**   *passé composé:* elle **est** descendu**e**
ils **sont** descendu**s**

Ebenso: entendre, répondre, perdre

On fait des révisions.

Mit den folgenden Aufgaben kannst du kontrollieren, ob du die Grammatik aus den Lektionen 5 bis 6 beherrschst. Schreibe die Lösungen in dein Heft! (Die Lösungen findest du auf S. 65.)

Fragen

A *Trouve les questions:* **(A qui ..., de quoi ...).**   G 31

a 1. Tu donnes un cadeau <u>à Léa</u>. 2. Tu as discuté du cadeau <u>avec Nicolas</u>. 3. Nicolas est sorti <u>avec Farid</u>. 4. Ils sont allés <u>chez Léa</u>. 5. Ils ont préparé une salade <u>pour Léa</u>.
b 1. Léa pense déjà <u>à sa fête</u>. 2. Ses amis parlent aussi <u>de la fête de Léa</u>. 3. Les copains préparent une salade <u>avec des fruits</u>. 4. Eric fait des photos <u>de la fête</u>. 5. Il vient <u>avec son appareil photo</u>.

Pronomen

                                                                                                    G 22, 28

B **a** *Mets les pronoms objets directs* **le, la, l', les.**   **b** *Mets les pronoms objets indirects* **lui** *et* **leur.**

a 1. – Julien, tu as ton appareil photo? – Oui, je **?** ai. 2. – N'oubliez pas les billets de train. – Non, on **?** a déjà dans nos sacs. 3. – Vous prenez le portable ou vous **?** laissez ici? – On **?** prend bien sûr.
4. – Thomas, pourquoi est-ce que tu prends la vidéo «TGV»? Je **?** prends parce que je **?** adore.
b 1. – Donnez le cadeau aux cousins. – Oui, on va **?** donner le cadeau. 2. – Vous téléphonez à papa à votre arrivée? – D'accord, on **?** téléphone et on **?** dit quand notre train arrive dimanche. 3. – Vous écrivez une lettre aux grands-parents? – Oui, on **?** écrit si on a le temps.

Nomen und Begleiter

C *Pose les questions avec* **quel, quelle, quels** *et* **quelles.**   G 25

a Tu demandes à Léa: **?** musiques (écouter), **?** sports (aimer), **?** livre (lire), **?** mode (adorer)?
b Une vendeuse te demande: 1. Tu prends **?** chaussures et **?** T-shirt? 2. Tu préfères **?** couleur?

Verben

D *Complète avec* **dire, lire, écrire.**   G 30

dire   1. Vous **?** la vérité au commissaire? 2. Bien sûr, on lui **?** tout. 3. (p.c.) Jean n' **?** pas **?** la vérité et maintenant, il a des problèmes …

lire   1. Qu'est-ce que vous **?** pour l'exposé de français? 2. Nous **?** un livre vraiment intéressant de Geva Caban. 3. (p.c.) Ah! Moi, je n' **?** rien **?**. 4. Je n'aime pas **?**.

écrire / décrire   1. J' **?** un e-mail à mon corres. 2. Ah oui. Qu'est-ce que tu lui **?** ? 3. Je lui **?** ma journée d'hier. 4. Nous nous **?** souvent des e-mails.

E *Complète avec* **venir** *et* **connaître.**   G 24, 29

venir   1. – Vous **?** avec nous au concert? 2. – Non, on ne peut pas **?**, parce que nos corres arrivent. 3. – Elles **?** d'où? 4. – Lena **?** de Celle et Silke et Kathrin **?** de Berlin.

connaître   1. – Tu **?** Grenoble? 2. – Non, mais Lucie **?** bien cette ville. Moi, j'habite à Paris avec mes parents. 3. – Alors, vous **?** le parc Astérix? 4. – Oui, moi, je le **?** bien.

F *Complète avec les verbes en* **-dre.**   G 27

attendre   1. – Vous **?** vos cousins? 2. – Oui, on les **?** ce soir.
descendre   1. – On **?** à la station Charles de Gaulle. 2. – Et vous, vous **?** où?
descendre (p.c.) 1. Emma **?** à Bordeaux. 2. Et les garçons **?** à Toulouse.

indirekte Rede/Frage

G *Mets les phrases au* **discours indirect.**   G 32

a Le prof de la 4eA … 1. (trouver que) Le projet est intéressant. 2. (dire que) Les résultats du projet sont sur la page Internet. 3. (penser que) C'est important de parler de la violence.
b La principale … 1. (demander si) Est-ce que le prof est content du travail? 2. (demander si) Est-ce que les élèves travaillent bien? 3. (demander si) Est-ce qu'il y a le projet sur Internet?

G 33 *tout le, toute la … – tout* als Begleiter des Nomens

Le déterminant tout

W Du kennst bereits folgende Begleiter des Nomens:

– den unbestimmten Artikel:	**un** sac	**une** chambre	**des** CD
– den bestimmten Artikel:	**le** sac	**la** chambre	**les** CD
– den Possessivbegleiter:	**mon** sac	**ma** chambre	**mes** CD
– den Demonstrativbegleiter:	**ce** sac	**cette** chambre	**ces** CD

Neu! Nun lernst du den Begleiter *tout* kennen.

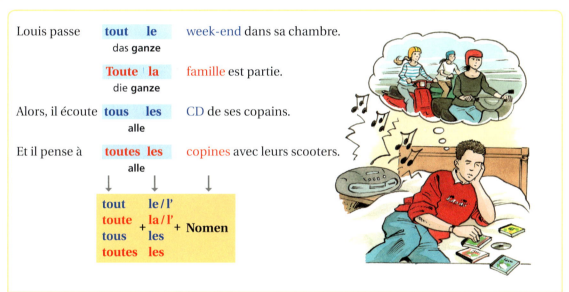

Louis passe **tout le** week-end dans sa chambre.
        das **ganze**

Toute la famille est partie.
        die **ganze**

Alors, il écoute **tous les** CD de ses copains.
        alle

Et il pense à **toutes les** copines avec leurs scooters.
        alle

tout	**le / l'**	
toute	**la / l'**	+ **Nomen**
tous	**les**	
toutes	**les**	

- *Tout* richtet sich wie ein Adjektiv in Geschlecht und Zahl nach dem Nomen, auf das es sich bezieht, z.B. la famille ⟶ toute la famille.

- Der Ausdruck *tout* + **bestimmter Artikel** hat im Deutschen zwei Übersetzungen:

  im Singular: tout le
                  toute la   } **der / die / das ganze**

  im Plural: tous les
               toutes les   } **alle**

- In der **Aussprache** hört man keinen Unterschied zwischen den jeweiligen Singular- und Pluralformen:

  tout le groupe   [**tu**ləgrup]   toute la maison   [**tut**lamɛzõ]
  tous les groupes [**tu**legrup]   toutes les maisons [**tut**lemɛzõ]

7

G 34   *moi, toi, lui, elle …* – Die unverbundenen Personalpronomen

Les pronoms personnels toniques

W Seit der Lektion 2 von **Tous ensemble 1** kennst du die Personalpronomen *je, tu, il, elle, on, nous, vous, ils, elles*. Sie sind immer mit einem Verb verbunden und heißen daher auch verbundene Personalpronomen.

Neu! Nun lernst du Personalpronomen kennen, die nicht unmittelbar mit einem Verb verbunden sind. Sie heißen daher auch **unverbundene Personalpronomen**.

Einige hast du schon in Redewendungen kennen gelernt:

Moi, je m'appelle …	C'est à **moi**!	… avec **moi**
Toi, tu t'appelles …	A **vous**	… comme **toi**

1. Formen

Louis: Regardez! J'ai une surprise **pour vous**!
Hugo: Waouh, tu as un scooter, **toi**, maintenant?
Louis: Eh oui. Alors, je vais à Toulouse **avec vous** ce soir. Tu vois, Hugo, **moi**, je ne mens jamais …
Lola: Super, Louis vient à la Fête de la Musique **avec nous**!

moi	nous
toi	vous
lui / *elle*	**eux** / *elles*

2. Verwendung

Die **unverbundenen Personalpronomen** verwendest du z. B.

- allein (= in Sätzen ohne Verb)

  Entre les filles et **moi** , c'est toujours la même chose.

- zur Hervorhebung des Subjekts

  Elles , elles ne me regardent pas.
  Moi , je veux un scooter.
  Mais mon père, **lui** , il dit qu'on n'a pas assez d'argent.

- nach einer Präposition
  (z. B. *pour toi, chez nous, avec vous …*)

  Voilà Lisa. **Pour elle** , je suis nul.
  Chez elle , c'est vraiment super.
  Mais **chez moi** , mes parents ne sont pas cool.
  Avec eux , on ne peut pas parler.

G 35 *j'offre, j'ouvre …* – Die Verben *offrir* und *ouvrir*

Les verbes offrir et ouvrir

W In G 20 hast du bereits einige Verben auf *-ir* kennen gelernt: *dormir, sortir* und *partir.*
Außerdem kennst du bereits das unregelmäßige Verb *venir* (G 24).

Neu! Nun lernst du zwei weitere Verben kennen, die im Infinitiv auf *-ir* enden.

offrir [ɔfʀiʀ] anbieten, schenken	**ouvrir** [uvʀiʀ] öffnen
j' offr**e** ⎫	j' ouvr**e** ⎫
tu offr**es** ⎬ [ɔfʀ]	tu ouvr**es** ⎬ [uvʀ]
il / elle / on offr**e** ⎭	il / elle / on ouvr**e** ⎭
nous offr**ons** [ɔfʀõ]	nous ouvr**ons** [uvʀõ]
vous offr**ez** [ɔfʀe]	vous ouvr**ez** [uvʀe]
ils / elles offr**ent** [ɔfʀ]	ils / elles ouvr**ent** [uvʀ]

Imperativ: Offr**e** ⎫
 Offr**ons** ⎬ un CD à Louis.
 Offr**ez** ⎭

Imperativ: Ouvr**e** ⎫
 Ouvr**ons** ⎬ le cadeau.
 Ouvr**ez** ⎭

passé composé:
 il **a** off**ert**

passé composé:
 il **a** ouv**ert**

- Die Verben *offrir* und *ouvrir* werden im Präsens wie die Verben auf *-er* konjugiert und haben die Endungen *-e, -es, -e, -ons, -ez, -ent.*

- Das *participe passé* bildet eine Sonderform und endet auf *-ert.*

L

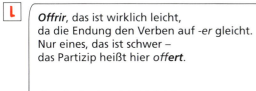

> *Offrir*, das ist wirklich leicht,
> da die Endung den Verben auf *-er* gleicht.
> Nur eines, das ist schwer –
> das Partizip heißt hier *offert*.
>
> *Ouvrir*, das ist wirklich leicht,
> …

Lola: Regarde! Louis m'a **offert** un cadeau.
Hugo: Waouh! Je peux le voir? Tu l'**ouvres**?
Lola: Non, je ne l'**ouvre** pas maintenant.

G 36 *Ne dors pas et regarde-moi.* – Der Imperativ (II)

L'impératif

W Du weißt bereits, dass der Imperativ, die Befehlsform des Verbs, die gleiche Form hat wie

die 1. Person Singular:	Apprend**s**	⎫
die 1. Person Plural:	Apprenn**ons**	⎬ le français.
die 2. Person Plural:	Appren**ez**	⎭

Neu! **1. Der verneinte Imperativ**

– Plouf, **ne** fais **pas** ça.

    – **Ne** mange **pas** le poulet.

    ↓   ↓   ↓

ne + Imperativ + pas

- Die **Verneinung** *ne ... pas* umschließt den Imperativ.
- Beginnt der Imperativ mit einem Vokal oder stummem *h*, wird *ne* zu *n'* verkürzt: N'**entre** pas.

2. Der bejahte Imperativ mit Pronomen

Jules dit:
– Plouf, tu **m'**écoutes?   – Ecoute- **moi** , Plouf.

– Maman, viens vite!   – Regarde- **le** .
  Plouf mange le poulet!   Prends- **lui** le poulet.

Les parents de Jules arrivent.
– Mais Jules, Plouf ne **nous**   – Plouf, comprends- **nous** ,
  comprend pas.   un peu.

Plouf pense à Jules et
à ses parents: – Jules, dis- **leur** que j'adore
                    le poulet, moi aussi.

… et il regarde **les chips**: – Les chips sont pour vous.
                    Mangez- **les** .
                    Moi, je les déteste.

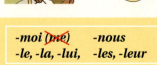

- Beim **bejahten Imperativ** stehen die Pronomen hinter dem Imperativ.
- Statt ~~me~~ steht *moi*.

-moi (~~me~~)	*-nous*
-le, -la, -lui,	*-les, -leur*

- Das Pronomen wird mit Bindestrich an den Imperativ angeschlossen: Mange-**le**.

G 37 *je me lave, tu t'habilles* – Die reflexiven Verben

Les verbes pronominaux

Im Französischen gibt es – wie im Deutschen – Verben, die immer mit einem **Pronomen** verbunden sind. Diese Verben heißen **reflexive Verben** und die Pronomen heißen **Reflexivpronomen** (= rückbezügliche Pronomen):

F / D

je me lave = Das **me** bezieht sich auf **je**.
ich wasche **mich** Es bezeichnet die gleiche Person.

	se	**laver**	[səlave]		**s'**	**habiller**	[sabije]
	sich waschen				sich anziehen		
je	**me**	lave	[ʒəməlav]	je	**m'**	**h**abille	[ʒəmabij]
tu	**te**	laves	[tytəlav]	tu	**t'**	**h**abilles	[tytabij]
il / elle / on	**se**	lave	[il/ɛl/õsəlav]	il / elle / on	**s'**	**h**abille	[il/ɛl/õsabij]
nous	**nous**	lavons	[nunulavõ]	nous	**nous**	**h**abillons	[nunuzabijõ]
vous	**vous**	lavez	[vuvulave]	vous	**vous**	**h**abillez	[vuvuzabije]
ils / elles	**se**	lavent	[il/ɛlsəlav]	ils / elles	**s'**	**h**abillent	[il/ɛlsabij]

Ebenso: se calmer, se réveiller, se dépêcher, se coiffer, se regarder, s'énerver

Je **ne** me lève **pas**.

- Die Reflexivpronomen stehen immer **vor** dem Verb. (Im Deutschen ist das anders.)
  Vergleiche: **Je me coiffe.** Ich kämme mich.

- Vor Vokal oder stummem *h* werden *me, te, se* zu *m', t'* und *s'*:
  je m'énerve, tu t'énerves, il s'énerve.

- Bei der Verneinung umschließt *ne ... pas* das Reflexivpronomen **und** das Verb:
  On ne s'énerve pas.

G 38 *un club qui est génial* – Die Relativpronomen *qui, que, où*

Les pronoms relatifs **qui, que, où**

W Du kennst bereits *qui, que* und *où* als **Fragepronomen**.

Qui est-ce? → C'est **Benoît**.
Que fait papa? → Il **prépare** les quiches.
Où est M. Garnier? → Il est **dans la cuisine**.

Neu! Du lernst nun **qui, que** und **où** als **Relativpronomen** kennen.
Relativpronomen leiten einen **Relativsatz** ein.

1. qui

Je passe mes vacances dans un club de sport.		**Il** n'est pas cher.
Je passe mes vacances dans un club de sport	**qui**	n'est pas cher.
Voilà deux garçons.		**Ils** viennent de Paris.
Voilà deux garçons	**qui**	viennent de Paris.

- *qui* ist das **Subjekt** im Relativsatz.
- *qui* bezieht sich auf **maskuline** und **feminine** Nomen (Personen + Sachen)
  im Singular und Plural.
  Qui bleibt immer *qui*, auch vor einem Vokal: Voilà en garçon **qui a** de la chance.

2. que

«Vacances Jeunes» est un club sympa.		Tu vas aimer **ce club**.
«Vacances Jeunes» est un club sympa	**que**	tu vas aimer.
J'ai deux grands frères.		Alice **les** trouve très sympas.
J'ai deux grands frères	**qu'**	Alice trouve très sympas.

- *que* ist immer das **direkte Objekt** im Relativsatz. Auf *que* folgt das Subjekt des Nebensatzes.
- *que* bezieht sich auf **maskuline** und **feminine** Nomen (Personen + Sachen) im Singular
  und Plural.
- Vor Vokal und stummem *h* wird *que* zu *qu'*.

3. où

Je suis dans un camp de vacances.		**Dans ce camp de vacances,** on fait du canoë.
Je suis dans un camp de vacances	**où**	on fait du canoë.
Le camping est près de la plage.		**Sur la plage,** on fait du volley tous les soirs.
Le camping est près de la plage	**où**	on fait du volley tous les soirs.

- Das Relativpronomen *où* steht anstelle einer Ortsangabe.
- Auf *où* folgt das **Subjekt** des Satzes.

MODULE 4

G 39 *la plus haute tour de Paris* – Das Adjektiv: Steigerung und Vergleich

Les degrés de l'adjectif

Willst du Personen oder Sachen miteinander vergleichen,
benutzt du die Formen des **Komparativs** bzw. des **Superlativs**.

la tour TotalFinaElf	Notre-Dame	la Grande Arche	la tour Eiffel
187 m	90 m	110 m	324 m

Komparativ

La tour TotalFinaElf est	**plus haute que**	Notre-Dame.	höher als
Notre-Dame est presque	**aussi haute que**	la Grande Arche.	so hoch wie
La tour TotalFinaElf est	**moins haute que**	la tour Eiffel.	kleiner als (= weniger hoch als)

- Im Französischen wird der Vergleich von Personen oder Sachen mit den Wörtern *plus, aussi* und *moins* ausgedrückt. Sie stehen **vor** dem Adjektiv.

  Steigerung: *plus* (>)
  moins (<)   Gleichheit: *aussi* (=)

- Das Vergleichswort *que* bzw. *qu'* steht immer **nach** dem Adjektiv.

Superlativ

La Tour Eiffel, c'est	**la plus haute tour de**	Paris.	der höchste (= am höchsten)

- Die höchste Stufe des Vergleichs ist der **Superlativ**.

- Der Superlativ wird gebildet, indem man von dem **Nomen** ausgeht.   … **la** ville …

- Dann stellt man die Komparativform *plus/moins* hinter den **bestimmten Artikel** *le/la/les*.   … **la plus** grand**e** ville

- Folgt dem Superlativ ein Bezugswort, wird es mit *de* angeschlossen.   … **la** plus grand**e** ville **de** France

Komparativ	**Superlativ**
Paris est **plus grand que** Calais.	**La plus belle** ville **du** monde, c'est …?

C'est Paris, bien sûr!

MODULE 5

G 40 *j'y vais, j'en viens* – Der Gebrauch von *y* und *en*

L'emploi de y et de en

1. Du lernst jetzt *y* in der Bedeutung da / dahin bzw. dort / dorthin kennen.
   Mit *y* drückst du einen Standort oder eine Richtung aus.

– Je vais **en Allemagne**. Et vous?

– Nous **y** allons aussi. Nous allons à Berlin.

– Vous connaissez quelqu'un **à Berlin**?

– Oui, notre oncle **y** habite.

– Et vous allez **chez lui**?

– Oui, mais on n'**y** reste pas tout le temps.
   On va aussi visiter Hambourg.

Nous allons à Berlin, et toi?

J'**y** vais aussi.

- Mit *y* ersetzt man Ortsangaben, die mit den Präpositionen *en, à, chez, sur, dans* eingeleitet werden.

- Man setzt *y* vor die konjugierte Verbform.

- Bei der Verneinung wird *y* zusammen mit dem Verb von *ne … pas* eingeschlossen:
  Je **n'y** habite **pas**.

2. Du lernst jetzt *en* in der Bedeutung von *daher / von dort* kennen.

– Charlotte, tu viens d'où, **de chez Amélie**?

– Oui, maman, j'**en** viens.

– Quand est-ce que sa mère sort **de l'hôpital**?

– Elle **en** sort demain.

– Et toi, Julie? Tu viens **de l'école**?

– Bien sûr, j'**en** viens.

Tu viens de l'école, Julie?

Oui, j'**en** viens.

- *En* ersetzt Ortsangaben, die mit *de* eingeleitet werden.

- Bei der Verneinung wird *en* zusammen mit dem Verb von *ne … pas* eingeschlossen:
  – Léa sort de l'hôpital aujourd'hui?
  – Non, elle **n'en** sort **pas encore**. Elle doit **y** rester quelques jours.

Regelmäßige Verben

1. Verben auf *-er*

Infinitiv	Präsens			Imperativ	*passé composé*
chercher suchen	je cherche tu cherches il cherche	nous vous ils	cherchons cherchez cherchent	Cherche. Cherchons. Cherchez.	j'ai cherché

ebenso: alle regelmäßigen Verben auf *-er*, die mit Konsonant beginnen

Infinitiv	Präsens			Imperativ	*passé composé*
écouter hören, zuhören	j' écoute tu écoutes il écoute	nous vous ils	écoutons écoutez écoutent	Ecoute. Ecoutons. Ecoutez.	j'ai écouté

ebenso: alle regelmäßigen Verben auf *-er*, die mit Vokal oder stummem *h* beginnen

⚠ Die Verben der Bewegungsrichtung bilden das *passé composé* mit *être*: Je **suis** monté(e).

Verben auf *-er* mit Besonderheiten

Infinitiv	Präsens			Imperativ	*passé composé*
acheter kaufen	j' achète tu achètes il achète	nous vous ils	achetons achetez achètent	Achète. Achetons. Achetez.	j'ai acheté
commencer anfangen, beginnen	je commence tu commences il commence	nous vous ils	commençons commencez commencent	Commence. Commençons. Commencez.	j'ai commencé
manger essen	je mange tu manges il mange	nous vous ils	mangeons mangez mangent	Mangez. Mange. Mangeons.	j'ai mangé
préférer vorziehen, lieber mögen	je préfère tu préfères il préfère	nous vous ils	préférons préférez préfèrent	Préfère. Préférons. Préférez.	j'ai préféré

2. Verben auf *-dre*

Infinitiv		Präsens			Imperativ	*passé composé*
attendre warten	G 27	j' attends tu attends il attend	nous vous ils	attendons attendez attendent	Attends. Attendons. Attendez.	j'ai attendu
descendre hinuntergehen; aussteigen	G 27	je descends tu descends il descend	nous vous ils	descendons descendez descendent	Descends. Descendons. Descendez.	je suis descendu(e)

ebenso: entendre, répondre, perdre

3. Verben auf -ir

Infinitiv		Präsens			Imperativ	*passé composé*
dormir schlafen	G 20	je dors tu dors il dort	nous vous ils	dormons dormez dorment	Dors. Dormons. Dormez.	j'ai dormi
partir losgehen, abfahren	G 20	je pars tu pars il part	nous vous ils	partons partez partent	Part. Partons. Partez.	je suis parti(e)
sortir hinaus-/ weggehen	G 20	je sors tu sors il sort	nous vous ils	sortons sortez sortent	Sors. Sortons. Sortez.	je suis sorti(e)

ebenso: mentir, sentir

Unregelmäßige Verben

Infinitiv		Präsens			Imperativ	*passé composé*
aller gehen, fahren		je vais tu vas il va	nous vous ils	allons allez vont	Va. Allons. Allez.	je suis allé(e)
avoir haben		j' ai tu as il a	nous vous ils	avons avez ont		j'ai eu
connaître kennen	G 29	je connais tu connais il connaît	nous vous ils	connaissons connaissez connaissent		j'ai connu
dire sagen	G 30	je dis tu dis il dit	nous vous ils	disons **dites** disent	Dis. Disons. Dites.	j'ai dit
devoir müssen	G 19	je dois tu dois il doit	nous vous ils	devons devez doivent		
écrire schreiben	G 30	j' écris tu écris il écrit	nous vous ils	écrivons écrivez écrivent	Ecris. Ecrivons. Ecrivez.	j'ai écrit
être sein		je suis tu es il est	nous vous ils	sommes êtes sont		j'ai été
faire machen		je fais tu fais il fait	nous vous ils	faisons **faites** font	Fais. Faisons. Faites.	j'ai fait

Infinitiv		Präsens				Imperativ	passé composé
lire G 30 lesen	je tu il	lis lis lit	nous vous ils	lisons lisez lisent		Lis. Lisons. Lisez.	j'ai lu
mettre setzen, stellen, legen	je tu il	mets mets met	nous vous ils	mettons mettez mettent		Mets. Mettons. Mettez.	j'ai mis
offrir G 35 anbieten	j' tu il	offre offres offre	nous vous ils	offrons offrez offrent		Offre. Offrons. Offrez.	j'ai offert
ouvrir G 35 öffnen	j' tu il	ouvre ouvres ouvre	nous vous ils	ouvrons ouvrez ouvrent		Ouvre. Ouvrons. Ouvrez.	j'ai ouvert
pouvoir G 2 können	je tu il	peux peux peut	nous vous ils	pouvons pouvez peuvent			j'ai pu
prendre nehmen	je tu il	prends prends prend	nous vous ils	prenons prenez prennent		Prends. Prenons. Prenez.	j'ai pris
venir G 24 kommen	je tu il	viens viens vient	nous vous ils	venons venez viennent		Viens. Venons. Venez.	je suis venu(e)
voir G 11 sehen	je tu il	vois vois voit	nous vous ils	voyons voyez voient		Voyons. Voyez.	j'ai vu
vouloir G 2 wollen	je tu il	veux veux veut	nous vous ils	voulons voulez veulent			j'ai voulu

Verzeichnis der grammatischen Begriffe

- In der linken Spalte findest du die in diesem und dem ersten Grammatischen Beiheft verwendeten Begriffe. Dort stehen auch Begriffe, die zwar in dieser Grammatik nicht verwendet werden, jedoch möglicherweise von deiner Lehrerin/deinem Lehrer benützt werden. Das Grammatikkapitel (G …) nennt die Stelle, an der du etwas über den Begriff erfährst.
- Die mittlere Spalte enthält Entsprechungen, die du aus der Grundschule kennst.
- In der rechten Spalte werden die französischen Entsprechungen sowie Beispiele aufgeführt.

Verwendete Begriffe	Entsprechungen	Französische Bezeichnungen und Beispiele
Adjektiv	Eigenschaftswort	l'adjectif: *un **grand** pull; une jupe **verte***
Apostroph	Auslassungszeichen	*Il n'y a plus d'eau.*
Artikel • **bestimmter ~** • **unbestimmter ~**	Geschlechtswort	l'article • ~ défini: ***le** rocher; **l'**enquête;* ***les** chaussures* • ~ indéfini: ***un** prix; **une** jupe;* ***des** magasins*
Aussagesatz		la phrase déclarative: *Jean leur raconte tout.*
Bindung		la liaison: *les_infos*
Demonstrativbegleiter	hinweisendes Fürwort	le déterminant démonstratif: *ce/cet/cette/ces*
Entscheidungsfrage	Gesamtfrage / Ja / Nein-Frage	l'interrogation totale: *Vous venez de Paris?* *Est-ce que vous venez de Paris?*
Ergänzung		le complément: *le blouson **de Jean**;* *Un garçon lui a pris **son blouson.*** *Jean raconte son histoire **aux copains.***
Ergänzungsfrage	Teilfrage / Frage mit Fragewort / Wortfrage / W-Frage	l'interrogation partielle: ***Où** est mon appareil photo?* ***A quelle** heure arrive le train à Bordeaux?*
Est-ce que-Frage	Umschreibungsfrage	l'interrogation avec *est-ce que*: ***Est-ce que** les résultats sont intéressants?* *Avec qui **est-ce que** Théo travaille?*
Femininum	weibliches Geschlecht	le genre féminin: ***une** gare*
Fragesatz		la phrase interrogative: *Qui est-ce?*
Futur composé	Zukunft	le futur composé: *Demain, il **va acheter** des chips.*
Genus (das)	(grammatisches) Geschlecht	le genre: ***un** jeu; **une** gare*
Grundzahlen	Kardinalzahlen	les nombres / les numéraux cardinaux: *un, deux, trois, quatre …*
Imperativ	Befehlsform	l'impératif: *Ecoute./Attendons./Prenez.*

Verwendete Begriffe	Entsprechungen	Französische Bezeichnungen und Beispiele
Infinitiv	Grundform	l'infinitif: *être; chercher; vendre; faire*
Konjugation	Beugung (des Zeitwortes)	la conjugaison: *je cherche, tu cherches,* etc.
Konsonant	Mitlaut	la consonne: *b; c; d; f; g;* etc.
Lautbild (vgl. Schriftbild)	= wie etwas ausgesprochen wird	le code phonique: [la dãs]
Maskulinum	männliches Geschlecht	le genre masculin: *un jeu*
Nomen (Substantiv)	Hauptwort / Namenwort	le nom (substantif): *le billet; la danse*
Numerus (der)	Zahl	le nombre: *un voisin; des voisins*
Objekt • **direktes ~** • **indirektes ~**	Satzergänzung • Akkusativobjekt • Dativobjekt	le complément d'objet: • ~ direct: *Nicolas aime le collège.* • ~ indirect: *Pierre montre son blouson à Naïma.*
Objektpronomen • **direktes ~** • **indirektes ~**	= Fürwort als • direktes Objekt • indirektes Objekt	le pronom objet: • ~ direct: *Nicolas le trouve super.* • ~ indirect: *Il lui montre son blouson.*
Personalpronomen	persönliches Fürwort	le pronom sujet: *je, tu, il, elle, on, nous, vous, ils, elles*
Plural	Mehrzahl	le pluriel: *les affaires*
Possessivbegleiter	besitzanzeigendes Fürwort	le déterminant / l'adjectif possessif: *mon/ton/son/… copain*
Präposition	Verhältniswort	la préposition: *à Toulon; de Paris; avec Fanny; sur le lit*
Präsens	Gegenwart	le présent: *Thomas écoute le CD de Zebda.*
Pronomen	Fürwort	le pronom
Relativpronomen	bezügliches Fürwort	le pronom relatif: *qui/que/où*
Schriftbild (vgl. Lautbild)	= wie etwas geschrieben wird	le code graphique: *la danse*
Singular	Einzahl	le singulier: *une fourchette*
Subjekt	Satzgegenstand	le sujet: *Clément surfe sur Internet.*
Teilungsartikel		l'article partitif: *Lucie prend de la confiture.*
Verb • **regelmäßiges ~** • **unregelmäßiges ~** • **reflexives ~**	Tätigkeitswort	le verbe: *chercher; attendre; faire; vouloir;* etc. • ~ régulier: *chercher; attendre;* etc. • ~ irrégulier: *devoir; vouloir;* etc. • ~ pronominal: *se laver; s'habiller;* etc.
Verneinung		la négation: *Simon n'est plus avec Marine.*
Vokal	Selbstlaut	la voyelle: *a; e; i; o; u; y*

Stichwortverzeichnis

Die Zahlenangaben verweisen auf die Seitenzahlen.